*Cambia tu forma de pensar,
para que cambie tu forma de vivir.*

Dedicado a:

_____

Por:

_____

Fecha:

_____

Cambia tu forma de pensar, para que cambie tu forma de vivir.

Porque lo que siembras cosechas,
Y lo que cosechas es lo que siembras.

VENTURA CHIAPA GARCÍA

Número de Control de la Biblioteca del Congreso de EE. UU.:   2015912986
ISBN: Tapa Dura   978-1-5065-0758-3
                 Tapa Blanda   978-1-5065-0757-6
                 Libro Electrónico   978-1-5065-0756-9

Información de la imprenta disponible en la última página.

Fecha de revisión: 10/09/2015

Para realizar pedidos de este libro, contacte con:
Palibrio
1663 Liberty Drive
Suite 200
Bloomington, IN 47403
Gratis desde EE. UU. al 877.407.5847
Gratis desde México al 01.800.288.2243
Gratis desde España al 900.866.949
Desde otro país al +1.812.671.9757
Fax: 01.812.355.1576
ventas@palibrio.com
709173

Un libro que cambiara tu vida:
con el cambio de mentalidad.

*Porque lo que siembras cosechas,
Y lo que cosechas es lo que siembras.*

Índice

Agradecimientos.

En está ocasión quiero agradecer a mi familia por darme la oportunidad de escribir. Especialmente a mi esposa Elvira, que ha habido momentos que le he hecho mucha falta, porque me he pasado escribiendo y ella pues, es lógico que me extrañe. Pero tú sabes mi amor que siempre me tomo el tiempo para todo, trato de balancear el tiempo, pero hay momentos que se me pasa la mano. También a mis hijos. Que ha habido momentos que han querido jugar con migo, pero yo he estado atareado con la escritura. Aunque no me doy cuenta que me necesitan, lo puedo ver en sus ojos que quieren la compañía de padre. Gracias mis tesoros Kevin y Kimberly. Gracias familia por darme la oportunidad y el tiempo para hacer mis sueños realidad, gracias.

Dedicación.

Dedico esta obra a mi esposa la señorita Elvira Magdalena Gabriel Hernández, Y a mis hijos Kevin Chiapa Gabriel y Kimberly Chiapa Gabriel.

Y a mis apreciados padres que radican en la hermosa Guatemala C A:

Ellos son:

Argentina García Pérez y Onofre Chiapa Morente.

¡Introducción!

En este libro que tienes en tus manos, te transmito algo fuera de serie te digo algo diferente que los demás no se atreven a decirte. Aquí encontraras palabras que las religiones no te van a decir. Y veras que aquí Dios y tu uno son y te dejan fuera del marco que deben de estar. Pero aquí te acerco en el lugar que estabas con Dios y pongo a Dios en el lugar que él le pertenece, ese lugar es en mi corazón. Te recomiendo que tengas un poco de cuidado, porque podría afectar tu teología o creencia.

Te advierto que este libro es un poco pesado especialmente al final te hablo del yo profundo. ¿Quién soy? ¿Cuál es mi propósito? ¿Porque estoy aquí en la tierra? Dios y yo uno somos. Aquí encontraras la respuesta a estas y otras preguntas, aquí conocerás el yo profundo. ¿Te has preguntado quien eres, o que haces aquí? bueno aquí te diré quién eres te lo digo bien detallado punto por punto, conocerás que tú no eres tú, conocerás que Dios y tu son uno solo. Te darás cuenta que todo este tiempo no habías conocido la verdad, pero aquí la encontraras. Aquí te hablo de la vida real no te hablo de cuentos, o mitos, o metáforas, o comparaciones o hipótesis, no. Aquí te hablo de la realidad de la materia prima que tú eres. También aquí recalco mucho la palabra lo que siembras lo Cosecharas: Porque es la Verdad.

¿Quieres saber de qué te estoy ablando? Pues lee este libro una y otra vez hasta que sea parte de tu vida, y por su puesto aprende primero para ti y después compártelo. Al escribir este libro, lo que busco es enviarte un mensaje diferente a través de estas líneas. Yo como escritor y motivador he pensado que el mundo necesita un mensaje diferente y me he tomado la molestia de creer y pensar que soy yo el escogido para hacerlo. En estos tiempos es bastante complicado creer en algo, o en alguien. Porque hay muchas enseñanzas sin acción mejor dicho, enseñanzas sin vivencias, porque muchos enseñan pero solo para pasarse de maestros.

El maestro es el que enseña una teoría, pero en este libro encontraras vivencias y no palabras sofisticadas, si no que palabras que tú entenderás. Seas quien seas, o cualquiera sea tu creencia, aquí no hablo de religiosidad, hablo a nivel personal. Para que crezcas como persona y como Individuo en la sociedad, a nivel personal, familiar, a nivel matrimonio, empresa, hombre, mujer, trabajo etc. Porque me he dado cuenta que hablamos de todo, menos de lo que es importante. Queremos todo al final no obtenemos nada. Buscamos todo, al final no encontramos nada.

¿Eso es malo? Claro que no. Lo que sucede es que estamos yendo en el camino incorrecto. Claro que es el camino que nuestros ancestros nos han enseñado. Pero eso no quiere decir que tiene que funcionar, al final no funciona. Y muchos estamos allí atrapados, arrastrados es decir, estamos arrastrando cadenas antiguas que nos están ahorcando y nadie se preocupa de decirnos algo. Y todos viviendo una vida de cuento de hadas, mientras la vida se va escapando poco a poco. En este libro aprenderás del amor, del perdón, del dar, de ser diferente de la flota, es decir de la gente. Aquí aprenderás como marcar la diferencia en este mundo de tinieblas y para eso estas aquí para alumbrarlo con tu luz. Te recomiendo que lo leas hasta el final, allí encontraras la clave de Dios y de ti para tu vida.

Aprenderás que Dios no hace nada si tú no haces nada. El mundo se mueve si tú te mueves, tienes que hacer mover tu consciencia para que tu vida marque un nuevo Rumbo y tomes una vereda diferente. Pues el propósito de mi vida, estoy hablando de mi vida motivacional a través de mis libros, que en tu vida recibas un mensaje y una palabra diferente a lo que has leído, o escuchado, o visto.

Yo sé que tú has leído algunos libros, pero no como este, te doy mi palabra de honor que este libro cambiara tu vida. ¿Por qué tengo que leer este libro? Lo único que te aseguro es que después de leer este libro, veraz la diferencia del vocabulario que usas hoy y del que utilizaras después de leer este libro, incluso aprenderás a que tu oración sea más eficaz. Pero también no solo en la oración, sino que también a nivel personal.

¿Qué palabras son las que yo utilizo para referirme a mí? Posiblemente te han dicho que Dios tiene todo a cargo, pero yo te diré lo contrario, que no es así. Incluso te dicen que el que domina el mundo es el diablo. Aquí en este libro se te abrirán los ojos. Pero cuando pensamos y meditamos bien, nos damos cuenta que este mundo está dominado por el hombre. Por eso hay más guerras, porque el hombre entre más tiene más quiere y cuando mira que no consigue lo que quiere, entonces la única salida que cree que le queda es declararle la guerra a sus semejantes, o a sus propios hermanos y así se hacen llamar creyentes como tú y yo.

Espero que esta obra que tienes en tus manos, te ayude en tu vida y al mundo a poder conocer la fuente de lo verdadero. En esta obra maravillosa te entrego el corazón y el alma. Porque he actuado con amor y dedicación para que este material llegara a tus manos y ahora que lo tienes en tus manos, ya cumplí lo que deseaba ¿qué era lo que deseara? Que el mensaje llegue a ti. Pero todavía no está completo hasta que lo hagas parte de tu vida. ¿No te está yendo bien en la vida? Aquí está la respuesta, es cuestión que inicies con este viaje al infinito. ¿Te has preguntado si eres finito, o infinito? Bueno aquí sabrás quien eres, aquí aprenderás cuál es tu propósito, aquí aprenderás, porque con Dios eres uno. ¿Tú crees que Dios solo te quiere usar? Aquí te darás cuenta que no es así. Solo has escuchado un mensaje religioso y no verdadero. Yo aquí te animo a que cambies tu forma de vida, con una cláusula que me hizo cambiar. Debo de anticiparte que el hecho que me funcionó a mí, no quiero decir que a ti te funcione, lo que si te voy a decir es que todo depende de ti; si tú crees todo se puede. En esta obra maestra yo no te predico ni te quiero sermonear o que yo quiera enseñarte a vivir la vida, no. Lo que yo estoy haciendo es retándote a que tú lo hagas por tu propia cuenta y que encuentres el camino por tu propia cuenta. Lo que hago en estas líneas es retarte, o reprenderte, o educarte y de lo demás te encargas tú. Porque si yo pretendiera enseñarte a vivir, eso quiere decir que yo soy más que Dios.

Porque déjame te digo que ni Dios puede cambiar tu vida, todo depende de ti y luego entra en juego Dios. Al menos que tu abras tu corazón y dejes que el haga algo por ti. Pero si no lo haces, no pasa nada, pero todo lo tienes que hacer tú por tú propia cuenta, no más deja que la obediencia reine en tu vida. Si tú quieres que yo sea tu coach. El coach de tu vida, déjame guiarte por un lugar maravilloso, te prometo que vamos a hacer un viaje al jardín del edén, te doy mi palabra de honor. Leerás también que Jesús no hace milagros, es tú fe. Te darás cuenta que Dios no existe, Dios es. Y te llevare al monte Horeb. La mayoría piensa que todo lo va hacer Dios, o Jesús.

Cuando descubrí este tesoro dije, lo tiene que llegar a saber el mundo. Cada hombre y cada mujer tienen que saber esto. Conforme vas leyendo te darás cuenta que no se contradice con las sagradas escrituras. Todo concuerda con las sagradas escrituras. Bueno ¿estás listo(a) para dar un paseo al más allá? Bienvenido(a) al Boeing 1407 de las fuerzas especiales. Te doy mi palabra de honor, que cuando regresemos, ya no regresaras igual que como ibas. Te recomiendo que cuando lo inicies prométete a ti finalizarlo y no dejarlo a medias y veraz la diferencia.

Iniciaremos este viaje con unas afirmaciones de quién soy yo, leerás en varias páginas estas poderosas afirmaciones, que pueden ser parte de tu vida y empecemos pues este viaje positivo. . Reclamando la bendición que por divino propio me pertenecen. Ahora empecemos a creer que todo lo que soy, y donde estoy es un propósito dividido, y ahora lo entenderé con la consciencia, y la mente de mi creador.

1

Desde hoy en adelante mi vida será otra.

Desde hoy en adelante mi vida ha cambiado soy otro, ahora yo peleare por lo mío, en este lugar que es maravilloso. Dios gracias por ser tan bueno siendo lo que soy me distes poder sobre toda la tierra.

1. Yo soy lo que Dios dice que soy.
2. Yo sé lo que Dios dice que se.
3. Yo puedo hacer lo que Dios, qué puedo hacer.
4. Yo tengo lo que Dios dice que tengo.
5. Mis fuerzas son las que Dios dice que son:

Ahora es un día maravilloso, uno de los mejores días de la historia es hoy, el que Dios hizo con su palabra. Entonces a reír y a cantar. Hoy yo veo las cosas como podrían llegar a ser no como son, porque eso me roba energía. Yo soy como se dice en ingles "Big thinking", yo pienso en grande. En este día que Dios ha hecho soy disciplinado, en este día soy sabio al elegir, soy inteligente al entregarme al mundo, soy el mejor sobre la faz de la tierra bajo el cosmos y el universo, y escalare una montaña más.

Ventura C García.

Hoy me levanto con el pie derecho, porque este día Dios tiene todo a mi favor Mt 11-24. Todo lo que yo pida en oración con tal que crea lo obtendré. si actúo como que si ya lo tuviera se llevara a cabo, en otras palabras ver el mundo como lo ve DIOS; para dejar una huella, yo veo mis sueños como Dios los ve.

Yo veo mis debilidades como Dios las Ve. Hoy cometeré más locuras Y no me preocupare por los pecados, mi padre llevó la carga que yo no puedo llevar. Yo pueda, yo soy el indicado: I am the one.

En este día igual que cuando estaba en su presencia, Dios me sigue llamando, me sigue ablando por mi nombre y ahora yo me digo que soy lo que Dios dice que soy. No medaré por vencido hasta que gane mi galardón, o como se dice en inglés.

I don't give up until I get it.
I wind, because.
I am the one aleluya.

Hoy soy positivo ¿Porque?
Porque lo positivo me lo dio Dios, nadie más:
La fe me la dio Dios.
La fuerza me la dio Dios.
El amor me lo dio Dios.
La esperanza me la dio Dios.
El coraje me lo dio Dios.
El odio me lo dio Dios.

La debilidad me la dio Dios, mi hermosa esposa me la dio Dios, mis hermosos hijos me los dio Dios, mi casa mi compañía mi empresa mi dinero mis autos mi vida, incluyendo también mis apreciados padres; así que todo me lo dio Dios. No me lo dio el mundo y por consiguiendo como el mundo no me lo dio, tampoco me lo puede quitar. Dios me dio todo de palabra y de conocimiento. Gracias papá Dios por amarme como lo haces, gracias aleluya aleluya.

Una vez le dije al señor, porque estaba solo. Y él me pregunto ¿qué es lo que me pasaba? si tú lo tienes todo. Y luego le dije, porque no tengo todo lo que quiero; él me dijo, que te pasa tú tienes todo lo que quieres, pero estas tan siego que tus ojos carnales, no te permiten ver lo que yo realmente te he dado me sigue diciendo, lo que tienes que hacer es creerme y valorar mis palabras, solo léelas y apodérate de mis promesas, lo que he hecho lo hice por ti.

Yo hablo a mi vida de esta forma, no hay límites para mi vida porque Dios mi padre no tiene límites; los únicos límites que existen son los que yo me pongo. Declaro hoy, no tengo límites, no existen los límites para mí.

Yo tengo la mente de Dios.
Los sentimientos de Dios.
La riqueza de Dios.
El alma de Dios.
El espíritu de Dios.
Las fuerzas de Dios.
El cuerpo de Dios.

Y por consiguiente soy un reflejo del Dios viviente, porque en mi hay abundancia, Dios ha puesto toda su abundancia en mi aleluya. En este día sin que estuviera en el pronóstico del tiempo empezó a nevar y está nevando en este momento que estoy escribiendo. Así, Dios puede cambiar mi panorama interior como yo lo decida y él ase lo que yo le permito hacer. Declaro sobre mi persona, sobre de mi matrimonio, sobre mis hijos, la abundancia de Dios porque cada palabra que sale de mi boca es dinamita para bien, o para mal; depende como yo la use.

Yo declaro abundancia sobre de ti que estás leyendo estas líneas para que la fuerza de Dios te alcance. Hoy me dejo moldear por la naturaleza de Dios, soy una piedra en las manos del escultor; Dios me moldeara en la forma que yo creo que él lo debería de hacer para mi beneficio y felicidad, siempre y cuando yo decida ser.

Fiel.
Honesto.
Amoroso.
Sincero.
Y dócil a la voz de mi creador.

Yo creo que la vida mana de adentro para fuera, no de afuera para adentro. Por consiguiendo todo lo que quiero, o lo que deseo se hará visible después que lo conciba en mi interior, por supuesto que enfocándome en lo presente. Porque en la mente de Dios no hay pasado ni futuro; Solo hay presente, Solo existe el presente en su sacrosanta mente. 2 Pedro 3-8: Amados, no ignoréis esto; que para con el señor un día es como mil años y mil años como un día. La palabra de Dios me habla claro a través de Pedro. Que para Dios solo hay presente: Yo soy una pieza del creador. Tengo exactamente lo que él quiso que yo tuviera; cuando soy débil soy fuerte, cuando soy fuerte soy débil. 2 Corintios 12:10.

Para yo poder palpar algo diferente en mi vida, primero tengo que concebirlo en mi interior para poder darlo a luz.

Yo comparo la vida como una mujer embarazada, para dar la vida primero tendrá que concebir la vida; Por eso yo hoy, pienso en grande no como todos piensan, porque yo soy diferente, por consiguiente toda mi vida es diferente. En mi vida ya las cosas son diferentes porque yo pienso en grande. Cuando voy a hacer algo malo digo yo soy rico y los ricos no hacen esto. Mi generación depende de mí, mis generaciones serán como yo, mis hijos, mis nietos, mis bisnietos, mis tátara nietos; Serán bendecidos gracias por mi decisión y mi cambio, porque me di permiso a abrir mis ojos, abrir mi mente y abrir mi corazón. Ahora yo decido hablar diferente, mirar diferente, caminar diferente y lo he decidido voluntariamente. Aunque no tengo la vida que quiero, quiero la vida que tengo. "Ventura C García" Yo le hablo a la naturaleza de la vida para que mi mente se sincronice con el espíritu infinito porque yo creo en el cambio y creo en la creación.

2

Porque mi creador sigue creando con migo.

Yo creo lo que dijo Juan 11:40: Jesús le respondió ¿no te he dicho que si crees veras la gloria de Dios? Jesús fue muy claro con estas palabras, porque salga lo que salga de mi boca eso va a producir sea bueno o malo. Yo prefiero hablar positivo, hablar en abundancia para que se realice con abundancia. Ayer me agarro un dolor fuerte en la rodilla izquierda, mi esposa me pregunto ¿estás bien? Mi respuesta fue, estoy tan sano como que si hubiera un Dios.

Y después cerré mis ojos y le di gracias al dolor de rodilla, mientras tenía los ojos serrados yo miraba enfermos sanándose y paralíticos se paraban de las sillas de rueda, los que tenían cáncer se sanaban las cadenas que tenían atadas a las personas caían; gracias a la promesa de Jesús. Yo declaro, y creo que tú también eres tan sano como que si tuvieras un Dios. Bueno, es una forma de decirlo no te alarmes, Yo también soy cristiano: Gracias señor te amo aleluya.

Todos los días soy una persona nueva sobre todo hoy: en estos días he aprendido que las tradiciones lo condenan a uno, incluso si no te cuidas asta te puedes morir antes del tiempo. Lo que yo are desde hoy es, poner mis propias tradiciones, mis propias ideas y hacer mi propio camino, hacer mi propia brecha; donde nadie ha pasado yo pasare porque soy valiente, Dios me dice hoy igual como le dijo a Josué, no temas se valiente porque yo estoy contigo. yo soy otro Josué que le escucha a Dios y le dice yes sir, si señor si sargento, como usted diga. Aquí mueren todas las tradiciones que se refieren a la negatividad, desde hoy hago mis propias tradiciones. Porque la felicidad depende de adentro no de afuera; por supuesto haciendo a un lado el ego y acercándose al creador, así seres más humilde y crecerás día tras día.

Yo declaro hoy estas 5 palabras poderosas:

1. I am the best = Yo soy el mejor.
2. I can do that = yo puedo hacerlo.
3. God is always with me = Dios siempre está con migo.
4. I am a winner = yo soy UN ganador.
5. Today is my day = ahora es mi día.

Aleluya. God I love you=Dios te amo.

Dios trabaja de una manera misteriosa; bueno que decir de él, él es él y eso es todo. Anoche soñé que estaba en un lugar como en un paraíso, o una montaña, o más bien dicho, un monte alto. Bueno, lo que quiero transmitirte es lo siguiente: Lo que quiero palpar aquí con mi puño y letra es, el mensaje que yo creo Dios me transmitió. Bueno, por alguna razón llegué a ese lugar; me paré a la par de un árbol llamado roble. Y cuando veo al frente se empezó la tierra a derrumbarse, me quedé observando; y la tierra se seguía hundiendo. Luego miré a mi derecha la tierra se está hundiendo y veo a mi izquierda y lo mismo, se está hundiendo. Entonces empecé a sentir pánico; yo me pregunté ¿qué rayos está sucediendo que alguien me lo explique? me doy la vuelta para salir de allí, cuando volteé hacia mis espaldas la tierra se estaba hundiendo igual.

En esa loma solo quedaba yo y el árbol llamado roble. Cuando me di cuenta que todo a mi alrededor se estaba hundiendo, serré mis ojos para meditar unos segundos, luego los abro y me doy cuenta que había llegado allí para un propósito; me llegó una voz que me dijo, mira no temas, o mejor dicho, no tengas miedo de hacer lo que quieras, que la fuerza poderosa siempre te acompañara. Caerán mil a tu izquierda y 10 mil, a tu derecha y tu permaneceré de pie porque el que está contigo es más grande que el que está en este mundo.

Después de ese poderoso mensaje me dije, un momento; Wow eso quiera decir que soy especial todo por derecho divino, el que reina en el mundo tendrá que arrodillarse a mis pies, porque el señor así lo quiso. Me sentí orgulloso de mi mismo porque no soy cualquiera; bueno, como siempre digo que soy único, no soy repetible, soy irrepetible. O si yo lo creo profundamente, aunque por allí dicen que hay 7 caras pero eso a mí me sale sobrando, o más bien dicho, me vale un cuerno; porque Dios es único y como soy su hijo yo también soy único, él dijo yo soy el que soy.

Yo de allí he aprendido que en la mente de Dios no existe el verbo pasado ni el verbo futuro. Y de esta palabra he aprendido que nuestra vida si no la sincronizamos con el vocablo de Dios, no puede ser auténtica ni moderna. Así pues el pretender dar lo que no tengo, o transmitir lo que no me han transmitido, heredar lo que no me han heredado; en otras palabras más sencillas, no puedo heredar lo que no me han heredado, eso es mentira. Porque la palabra es mi herencia y hoy tomo para mi esta palabra yo soy el que soy, porque Dios y yo uno somos, Dios y yo mayoría aplastante. ¿Porque? explicaré un poquito más, pero antes te daré la siguiente explicación te diré que es bueno.

Creo que lo mejor es que así sea, infundirnos en esa palabra yo soy el que soy, y que cubra todos los tuétanos de nuestro ser. Por eso es muy importante, tan importante aprender a hablar como Dios habla, a decretar como él lo hace, a confirmar como el confirma y a creer como él cree. Por eso he decidido meterme en la universidad de Dios, como Dios está en el cielo y como el cielo no es más ni menos que yo y por esa razón decidí buscar que es lo que él ha puesto, o más bien dicho, que es lo que hay en el cielo, y mi tarea es encontrarlo: hablar en lo presente es muy importante. Explicaré.

Por ejemplo yo soy fiel:
Yo soy saludable.
Yo soy amable.
Yo soy Feliz.
Yo soy comprensible.
Yo soy Rico.
Yo soy sabio.
Yo soy inteligente.
Yo soy buen esposo.
Yo soy buen padre.
Yo soy buen empresario.
Yo soy un buen administrador.
Yo soy amable.
Yo soy buena esposa.
Yo soy buena madre.
Yo soy buen hijo.
Yo soy buena hija etc.

Yo soy otro Cristo en esta tierra. Quiero todo lo que tengo y tengo todo lo que quiero. Porque cuando pienso en el presente todo será presente, porque de adentro mana la vida. Cuando yo digo, hoy es un buen día; Por consiguiendo como arte de magia será un buen día. A continuación explicare, cuando uno piensa, o habla negativo. La Palabra positiva, o negativa lo palparas tarde o temprano; Por ejemplo, yo digo que no puedo hacer un nuevo camino en mi vida, o es decir no puedo cambiar mi vida. Entonces yo estoy ablando en lo presente, porque cuando yo digo no puedo, estoy confirmando y decretando que no puedo; por consiguiente eso es el resultado que voy a tener. Automáticamente el resultado va ser dependiendo mi afirmación. Jesús de Nazaret, dijo: Tus palabras te justificaran, o te salvarán. En este libro me gustaría compartir contigo lo que yo soy y lo que la vida me ha enseñado. Desde el tiempo que tengo de creyente del 2008 al 2013. Yo le servía al señor predicaba, daba charlas en asambleas y hogares e iglesias y emisoras etc. como lo fue radios AM y FM, y radios por internet. Les voy a confesar algo, cosa que no con cualquiera lo hago, contigo porque eres especial.

Como dije anteriormente yo predicaba, pero decía lo que todos decían, hablaba lo que todos hablaban, creía en lo que todos creían, transmitía lo que todos transmitían. Pero en mi vida no se encarnaba la palabra, yo seguía igual, cado poco caía; me sentía tan débil, porque me habían presentado un Cristo que solo le importaba mi corazón, o mí espíritu y lo demás él no se preocupaba. Cuando me llegaba la adversidad de la vida real, yo me debilitaba y me enojaba con Dios porque había creído que Dios allí no se metía, cuando me di cuenta fue hace poco; que me puse a leer libros, a escuchar audio libros. Entonces mi mente se empezó a abrir, o más bien dicho, empecé a conocer otro Cristo completamente diferente al que yo conocía. Me di cuenta que la biblia es el libro más poderoso para tener éxito en todos los aspectos de mi vida. Empecé a ver la vida de otro punto de vista, y me di cuenta que Dios nos dejó un manual completamente poderoso para cada uno de nosotros, bendito sea señor. Bueno, lo importante no es exactamente que es, o cual es el Cristo que tienes.

Lo que importa es en que, o en quien te vas a convertir; con el Cristo que tú conoces. He descubierto que la vida no le interesa a que Cristo yo conozco. La vida te devuelve todo lo que tú le das; por ejemplo, si veo la vida con decepción, la vida me lo devolverá. O por el contrario digo, que esto es una maravilla, o que es bella esta vida; pues claro que eso me devolverá y sentiré la serenidad de la vida. Porque lo que siembre cosecharé. Siguiendo con lo que doy recibo. Me gustaría compartir contigo una metáfora, que dice así.

El niño en la montaña y el eco:

Había una vez un niño de 8 años, que se fue a una montaña y cuando llego a esa montaña. Él dijo "hola... hola... hola... hola..." bueno él se quedó atónito por lo que escuchaba. Decidió seguir gritando, y dijo "quien está allí... allí... allí... allí... allí..." se impresionó cuando escuchó que repetían lo que él decía. Luego se enojó, y empezó hablarle mal y a maltratar la voz que escuchaba. Pues todo lo que él decía, recibía. El impresionado se fue para la casa y le comunicó lo sucedido a su padre. Le dijo "padre, fíjate que allá en la montaña hay un niño mal creado que todo lo que yo digo el repite". Entonces cuando el padre escuchó lo sucedido le dijo "bueno hijo ve una vez más y ahora háblale cosas bonitas y veras que él te dirá lo mismo". El niño al escuchar estas palabras de parte de su padre se dirigió a la montaña por segunda vez. Cuando llegó a la montaña lo primero que hizo fue decir "hola mi nombre es fulano de tal". Y el eco le responde "hola soy fulano de tal... fulano de tal... fulano de tal..." "y el niño le dice "como estas" el eco le responde "como estas... como estas... como estas..." El niño le dice "¿quieres ser mi amigo?" El eco le responde "¿quieres ser mi amigo? ¿Amigo? ¿Amigo?" Y así sucesivamente. Cuando el niño finalizó según él, su conversación; regresó a la casa muy contento porque su supuesto niño aceptó ser su amigo. Le dijo a su padre "Papá, papá, ven; quiero decirte algo, fíjate que el niño que está al otro lado de la montaña aceptó ser mi amigo".

"Qué bueno". Le dice su padre "me alegro por ti". Después de un pequeño silencio, el padre se acercó al niño y le dijo "mira hijo ven, te voy a explicar algo; fíjate que haya en la montaña no hay ningún niño". "Entonces no"; lo interrumpió el niño. "Déjame explicarte" le dice el papá "fíjate que lo que pasa es que haya en la montaña hay algo que se llama eco, y cuando tú hablas automáticamente el eco te responde con el mismo sonido de tu voz, cuando tú hablas la montaña te responde. Mira hijo así es la vida, lo que tú le das eso te devuelve".

Querido lector@ una vez que tú reconoces quién realmente eres, hasta entonces as descubierto la felicidad. Un punto que yo siempre comparto es que estamos como estamos porque queremos, esa es la vida que hemos escogido, esa es la vida que hemos decidido tener. Te voy a compartir esta historia que cuando la leas te sorprenderás porque tiene una gran enseñanza.

Más o menos como en los años 1990, en el país del Salvador entre Guadalupe y Verapaz, en el departamento de San Vicente, en el Volcán Chenchutepeque, se desplomo un avión por cuestiones de una tormenta. Iván aproximadamente unas 40 personas y todas murieron.

¿Porque te comento esta Triste historia? Porque tú y yo somos como ese volcán en esta tierra. ¿Cómo así? Me preguntaras barájeamela más despacio. Ok. Veras porque digo que somos como ese volcán; porque tu estas en este mundo y no sabes que te va a suceder. Tarde o temprano vendrá algo inesperado como el avión y el volcán. Entonces, tienes que estar listo para que en vez de esquivar los problemas más bien dicho, enseñanzas de la vida enfrentarlas; venga lo que venga se desplomara sobre ti y explotara y tú seguirás de pie como el volcán, en vez de que mueran personas morirá tu miedo, tu orgullo, tu envidia, o tu punto de vista que yo soy el que se mas y tú no sabes nada, ese tipo de pensamiento tonto. Y tú seguirás de pie como este volcán bien parado como si nada hubiera pasado.

El salmista David dice en el salmo 91:7 Caerán a tu lado mil, Y diez mil a tu diestra; Mas a ti no llegará.

Y yo sigo de pie como si nada hubiera pasado. Mi amigo (a) espero que esta pequeña historia te ayude en tu vida. En el año 2014 viajé a Kentucky con un amigo. Y fue una gran experiencia, manejamos casi como 17 horas ida y vuelta. Aunque terminamos cansados, fue una bonita aventura. La vida es parecida a este viaje, es una gran peregrinación. Pero algunos se cansan y algunos siguen. Pero el que sigue esa vida triunfa. Es bueno aventurarse en la vida. En la vida hay que ser extrovertido, los que salen a la pelea siempre ganan. Y los introvertidos se quedan atrás. Yo te digo que soy uno de esos extrovertidos.

Te quiero transmitir una palabra que me cambio la vida por completo, es una palabra que muchas veces no las usamos, yo la había escuchado pero no savia como ponerla en práctica. La palabra es, pide perdón a Dios y el té perdonará y serás feliz. Pero la verdad es al contrario, tengo que enfrentar, o perdonar a mi prójimo. Porque tú perdonando a tu enemigo automáticamente Dios te perdona y allí encontraras la felicidad Y la alegría del perdón. Y así se vivirá una vida más alegre, con todos los tuyos.

Inicia un año hermoso con entusiasmo con deseos de conquistar tus sueños. Estoy feliz porque se siente bien ser uno mismo. Un versículo poderoso que he aprendido, que me ha sacado de la oscuridad. Haya Pablo hablando a los hebreos, nos menciona la fe de los antiguos. La fe de los grandes en el antiguo testamento. Hebreo 11:1 tener fe es tener la plena seguridad de recibir lo que se espera; es estar convencido de la realidad de cosas que no vemos. Si lees despacio te das cuenta que la fe es cosa que no se ve. Es completamente invisible. Pero un dato interesante es que las cosas se ven, por ejemplo, cuando tú ordenas una bicicleta por internet. Lo primero que ases es, entras al internet, luego entras a la tienda donde quieres comprar la bicicleta; luego ves los precios, luego sí no te gusta, navegas en otro sitio. Bueno la ordenas, la pagas y te olvidas de la bicicleta.

Porque estás seguro que va a venir en su respectivo tiempo o ¿no? ¿Apoco vas a llamar al otro día y preguntar mire, necesito saber si la bicicleta vendrá en la semana acordada y el día acordado? Sigues preguntando ¿Estás seguro? ¿Qué garantía me da? ¿Cómo puedo yo creerles? Si llamas y le haces esas preguntas te van a decir, por favor deje de molestar, qué de ya se la vamos a enviar ¿no entiende? Seguramente usted no aria eso, porque el hecho que usted la allá pagado tiene la seguridad y la certeza que llegara a su debido tiempo.

Esa es la fe, físicamente hablando de la bicicleta. Esa es la fe cuando tú te acercas a lo que quieres y se la pides a tu creador. La próxima vez que te acerques a tu creador que sea para agradecerle por lo que él ya ha hecho. El hecho que no se ve, no quiere decir, que Dios no haya escuchado. Por ejemplo, le pides Amor, salud, vida, dinero, comprensión de parte de los demás, o para los demás; o una casa, un auto, una pareja, una familia etc. ya todo te lo ha dado. Él ha puesto todo bajo tus pies, ahora solo levántate y camina, porque estás vivo todo es tuyo.

Es cuestión que lo conquistes porque eres el hijo (a) de Dios y los hijos de Dios no son miserables no son cobardes. Al menos que no te conozcas todavía, hasta aquí eres lo que piensas, tus pensamientos hacen tu vida y tus palabras hacen tus pensamientos.

3

El lenguaje es el vestido de los pensamientos.

El lenguaje es el vestido de los pensamientos. Porque lo que me ha sucedido es algo que concuerda con lo que digo. En los últimos meses conocí a una persona que cambió mi vida por completo. Mi vida es completamente diferente es como que si hubiera vuelto a nacer de nuevo. La historia es más o menos así. En el año 2012 como en el mes de Septiembre cuando fui invitado mi familia y yo para un cumpleaños en la casa de una hermana de la congregación, fue precisamente en su casa.

En ese día yo conocí a un personaje muy misterioso llamado Alberto Sánchez. Como siempre soy muy amigable y alegre, me acerqué a él, le di la mano, y le dije hola como estas, soy Ventura García.

"Hola". Me dice, "yo soy Alberto estoy bien gracias".

Y así nos dirigimos el saludo ya después de habernos conocido y charlado un rato. Yo le pregunté ¿y en que trabajas? ¿O qué es lo que haces? Me dijo

"bueno, yo soy voluntario de una iglesia de por aquí cerca, yo enseño inglés".

Wow le digo, que bueno seguramente eres maestro; le dije.

Él me dice.

"No. Simplemente enseño lo que he aprendido del colegio".

¿Sacaste alguna profesión? Le pregunte y me quede pensando, bien, este sin duda es una gran persona.

Me dice "no. realmente solo saqué High School Diploma".

De acuerdo, le digo te felicito.

"Gracias me dice, a mí me gusta ayudar a la comunidad hispana y aquel que quiera superarse".

Qué bien, le digo sin duda alguna tú tienes un corazón.

Bueno, le pregunto ¿de donde tú eres, o más bien dicho, de que país eres?

"O" me dice, "soy de Perú".

"¿Y tú?" Me dice.

Bueno, yo soy orgullosamente Guatemalteco.

"Qué bien me dice".

Recalco que yo estaba recién en esos meses fundando una radio cristiana. Y yo pues estaba muy emocionado de haberlo encontrado. Claro pensé, esta es la persona perfecta que yo ando buscando para poder trabajar en la radio.

Y bueno le digo, ¿tú alguna vez has estado en una radio? él me dice

"no, nunca".

¿Te gustaría trabajar con migo? Fíjate que ando buscando una persona como tú para poder hacer propagandas, logos y todo lo demás.

Él me dice "gracias por la propuesta, viéndolo bien es una buena idea".

Y desde ese instante intercambiamos tarjetas, Y desde allí empezamos a comunicarnos por mensajes, seguido hablábamos de negocios.

En unos días después estuvimos en una boda, donde yo estuve de maestro de ceremonia, yo lo vi extraño. Mi esposa me decía

"ese hombre es tan misterioso que no le entiendo su vocabulario".

Él era un hombre que se dirigía solo en parábolas. Era un poco difícil de entenderle su lenguaje. Pero yo sí le agarré la honda. Bueno, hablamos un poco y en el mes de octubre de ese mismo año, es decir el mes siguiente, hablamos un poco más y ya no pudimos hablar el resto del mes de octubre y noviembre por cuestiones de mi trabajo; ya no nos hicimos ninguna llamada ni mensajes. En el mes de diciembre, yo me acordé que habíamos hablado de un logo y se había quedado en stand luego decidí mandarle un texto diciéndole. Hello, hello, my friend how are you doing, it's been a while that we haven't talk to each other.

Le digo, hola amigo hace ratos que no nos hablamos ¿cuéntame que haces? Ese día él no me contestó.

Al otro día el me respondió y me dijo,

"o que bueno escuchar de ti; mira" Me dice "no tengo trabajo ¿me podrías dar trabajo?"

Le digo claro, no hay problema, Déjame ver qué puedo hacer por ti y yo te aviso le digo.

Me dice; bien:

Me dirige la palabra de nuevo y me dice "necesito hablar con alguien ¿tendrías tiempo para que hablemos hoy en la tarde?"

Le digo claro yo tengo tiempo, a mi hasta me sobra el tiempo, si gustas yo lo puedo compartir contigo.

"Ok"

Me dice "quedemos después de las 6:00 pm".

De acuerdo, le digo ¿adónde nos vemos?

Él me dice "m, m, m, yo creo que en el restaurante de comida rápida que está cerca de mi casa ¿te parece?"

Le digo, claro allí nos vemos.

Recalco que estoy hablando de Brooklyn, New York.

Estoy hablando del mes de diciembre del 2012. Bueno, siguiendo con esta hermosa historia, me gustaría decirte que a veces la vida da vueltas, si tú te portas bien con ella, ella se porta muy duro y muy mal con Tigo. Pero si tú te preparas bien y la enfrentas como un rinoceronte enfrenta la vida en la montaña con coraje y orgullo, la vida hasta entonces, se portara bien contigo. Porque se va a dar cuenta que no eres ningún cobarde, si tu no le tienes miedo, ella te tendrá miedo y se pondrá a tu servicio, es cuestión que le digas en qué te puede servir Y ella inmediatamente se pondrá a tu servicio; porque ella conoce la divinidad que hay en ti.

Te quiero compartir también que Pablo hablándole a los Gálatas, les dijo Gálatas 6-7: no sé engañen, nadie se burla de Dios al final cada uno cosechará lo que ha sembrado. Muy sabias estas palabras cuando se refiere de la siembra y la cosecha. Se refiere a la vida a lo que tú siembras cada día, tú ves que existe la siembra y la cosecha naturalmente. Por ejemplo, m, m, m, no sé, tal vez quieres cosechar manzanas, bueno, lo que tienes que hacer es sembrar una semilla de manzanas y es obvio, lo que sembraste cosecharas.

Así sucesivamente, quieres maíz siembras maíz, quieres higos pues siembras higos, m, m, m y si quieres café siembras café; bueno sembraste café cosecharas café. Pero bueno tú dices por alguna razón, yo necesito tener un poco de espinas en este terreno, y siembras espinas por consiguiente cosecharas espinas. Pero si le pones atención veras que todo lo que un agricultor siembra, lo cosecha al triple, cuando el agricultor siembra la semilla, la tierra no se le devuelve y le dice ¿tienes conocimiento? ¿O Sabes cómo voy a crecer? ¿O Eres tonto? ¿O Eres sabio? ¿O Eres rico? ¿O Eres pobre? ¿O tienes hogar donde guardar la cosecha? claro que no ¿verdad? La tierra no discute, porque naturalmente existe la ley de la siembra y la cosecha eso es todo.

Así es la vida, te pregunto ¿cómo estás en este momento? ¿Cómo te sientes? ¿Qué traes? ¿O que estas tramando? o más bien dicho ¿que estas sembrando? Pues te doy un consejo, Detente por un momento en la vida, y échale un vistazo a tu vida. Lo que siembras cosechas no importa si eres sabio, rico, pobre, tonto, bruto, tienes conocimiento de lo que suceda, o no lo tienes, si tienes hogar, o no lo tienes. Déjame te digo, tengas conocimiento o no, la vida, tu vida no lo discuto. O tal vez tú le dices oh no lo pensé, oh no sabía que me iba a suceder eso, si actuaba de esa forma, o si yo cometía este error; no pensé que hasta mi familia se atendería a las consecuencias etc.

La vida, o tu vida no te va a decir, está bien no te preocupes voy a ser como que sí no pasó nada, o no te preocupes yo tendré misericordia de ti, o claro mira yo borraré lo malo y hasta que tengas conocimiento te lo mostrare, sigue actuando así, y sabes yo haré que la semilla que tiraste en tu tierra, más bien dicho, lo que sembraste yo haré que muera; como no estas consciente no pasara nada.

Claro que no se pondrá a discutir contigo. Por eso vemos en todo el mundo que hay gente sufriendo, llorando, infeliz, muriendo por dentro caminando por la calle y dicen; no hay suficiente dinero, no hay trabajo, que no soporto a mi familia, no soporto a mi conyugue, o que me quiero divorciar, que creo que eso es la solución, o porqué me casé, o porqué nací en esta familia, o porqué estoy en este país y no en otro, porqué otros(a) pueden menos yo, porqué todos tienen menos yo, porqué todos son felices menos yo, porqué todos tienen una linda pareja menos yo, etc. Y así sucesivamente vemos muchas personas pasando por la vida, no viviendo; sino sobreviviendo y eso realmente no es vida. Todo eso lo vemos con ricos, pobres, sabios, intelectuales, eminentes, analfabetos, escritores, artistas, diplomáticos, doctores, Presidentes, y reyes etc. Si no te das cuenta a tiempo la vida se te escurrirá de las manos como el agua; cuando acuerdes ya será demasiado tarde. Pero todavía estas a tiempo para reflexionar.

Déjame te digo algo, que la vida no tiene misericordia, no tiene compasión. No te irás de esta tierra hasta que lo hayas pagado todo; decía mi abuelito que descanse en paz. Todo lo que haces aquí en esta vida aquí lo pagas, o lo cobras, pero no te vas sin nada. Pero tú tienes el poder y la autoridad de cambiar el rumbo de tu vida ¿Porque digo esto? ¿Qué tienes la autoridad? Es porque Dios desde el principio escogió el lugar que te iba a destinar para la eternidad, pero hay una cosa más importante; desde el principio Dios te creó libre. ¿Qué quiere decir eso? eso quiere decir, que desde que fueras engendrado, Dios te dio algo que se llama libre albedrío; eso quiere decir que Dios te dio la oportunidad de elegir.

Bueno, es más, yo en lo personal podría a echar a bolar mis pensamiento, y podría pensar bien las cosas, bueno quiero decir que mi filosofía de vida es que cuando tú y yo estábamos fuera de este universo, o fuera de esta tierra. Dios se atrevió a preguntarme en qué país quería nacer; me pregunto qué cultura quería tener y que comunidad quería tener, luego me preguntó que personas quería escoger para que fueran mis padres, como quería yo que fueran.

Cuando yo elegí todo lo que quería él me envió a través de esos dos jóvenes, como lo eran mis padres, que no tenían ni la menor idea de lo que les esperaba. Mi madre concibió un varón, un niño que los hizo correr para arriba y para abajo sin saber porque ni para qué. Como lo ves así tan libres somos; entonces si somos tan libres ¿pretendes hacer lo que tú quieras y que Dios organice tu vida? No es justo. Si no te habías dado cuenta que tienes que estar conectado con la presencia divina, pues no hay problema nunca es tarde, hoy es el momento no ayer, no mañana, es ahora.

Bueno, siguiendo con la historia de mí amigo, en ese mes de diciembre más o menos como la primera semana del mes antes mencionado. Esa semana nos reunimos en el lugar que aviamos quedado entes y empezamos a hablar. Obviamente nos saludamos y nos presentamos de nuevo y yo le pregunté

¿Qué es lo que estás pensando?

El muy tranquilo me dice "fíjate que necesito confesarte algo muy importante nadie lo sabe, ni confío en muchas personas; pues yo te lo quiero confesar a ti".

Le digo, bueno; mi hijo adelante soy todo oídos. Bueno, le había agarrado tanta confianza que ya le decía mi hijo. Bueno le digo dime lo que gustes, yo te miraré como te mira Dios, no como te mira la gente, no como te mira tu familia; incluso me atrevo a decirte que no te voy a mirar cómo te mira la Iglesia, sino como te mira tú creador.

Me dice; bueno "lo que pasa es que no tengo trabajo he perdido mi empleo, no tengo dinero para pagar mi arrendo, (o mi pensión) debo como $4,000 debo en la IRS y debo de donde vivo y ya no sé qué hacer, todas las expectativas han desaparecido y ahora soy un fracasado no sé porque me pasa esto a mí".

Le digo, un momento. Si me pusiera a analizar cuantas veces has negada tu existencia, cuantas veces has negado lo que te está pasando y te has dicho barias veces soy un fracasado. Mira le digo, realmente uno mismo tiene el control de su vida en sus manos.

Y él me dice "¿cómo así?"

Veras; cuando tu creador te creo, él puso todas las cualidades dentro de ti para que cuando tú las necesitaras, para que trabajen a nuestro favor. Pero hay otro punto importante, cuando tú y yo hablamos de forma negativa o positiva, eso tiene un gran impacto en nuestras vidas.

Veras; nosotros somos una gran máquina poderosa no se puede comparar con ninguna otra máquina. En tu cabeza tienes algo que se llama, Consciente y algo llamado subconsciente es decir, son nuestras dos mentes que rieguen tu vida.

"¿Cómo funciona?"

Bueno, a tú consciencia no la puedes engañar, si tú haces lo bueno ella te va a decir Wow; Chévere buen trabajo.

Pero si tú al contrario, haces algo que para ti y la sociedad es algo normal, que como una persona como tu hace, o no debería de hacer; tu consciente te dice que lo que hiciste, lo hiciste muy mal. Pero al contrario si hablas positivo con una gran actitud y siempre eres positivo con lo que haces y dices, y actúas optimista tú subconsciente lo recibe como una señal positiva. Pero si al contrario eres negativo, como que le estuvieras diciendo a tu ser superior, mira esto es lo que yo quiero; automáticamente le das una orden.

Pero al contrario hablas negativo, eres quejón, todo lo que haces no te agrada, lo que haces solo lo haces para cumplir, o para ganar un dinero etc. Entonces tu subconsciente lo graba, o lo almacena como verdad, como una orden o una señal, como que tú le estés diciendo a tu ser superior; esto es lo que quiero, esto es lo que me gusto, por favor quiero de lo que más me agrada. De esa manera es que funciona, incluso cuando están bromeando contigo, o ablando de algo fuera de control.

Por ejemplo, son negativos bromean rojo, envidian, critican, deben dinero y no pagan, hay avaricia, codicia etc. Tú subconsciente no sabe distinguir entre la otra persona y tú, en ese momento cree que todo te lo dicen a ti y el todo lo recibe como una orden. Así que cuida y ponerle atención a lo que dices, cuida tu panorama, cuida tu ambiente porque todo influye hacia ti de una manera inexplicable. Para tu subconsciente no existe lo verdadera, o la mentira, a él sí lo puedes engañar fácilmente. Así que desde ahora en adelante empieza a engañarla. En la vida uno empieza fingiendo y termina creyendo; pero para bien, para tu propio éxito y tu vida. Le pregunté:

¿Quieres que cambie tu forma de vivir?

Él me dice "sí, claro que si quiero". Bueno, pues cambia tu forma de pensar; Agregó San - Pablo a los Romanos 12, 2.

4

Cambia tu manera de pensar, para que cambie tu manera de vivir.

Porque en una gran parte sin tener conocimiento del mismo, la mente dirige tu vida; veraz un pensamiento en una acción, una acción crea una actitud, una actitud crea un hábito, y un hábito te crea a ti.

Entonces, si tu pensamiento es negativo tu acción es negativa, si tu acción es negativa tú actitud es negativa, si tu actitud es negativa tu hábito es negativo, si tu hábito es negativo por lo consiguiente tú eres negativo. Pero sí fuera al contrario que tu pensamiento es completamente positivo, armónico, amable, creativo, de unidad de comprensión; entonces, tu acción es positiva, si tu acción es positiva, tu actitud es positiva, si tu actitud es positiva tu habito es positivo, si tu habito es positivo, por consiguiente todo tú ser será positivo.

Quiero compartirte una verdad que dice, el hombre hace sus hábitos, pero los hábitos hacen al hombre. Ojo eh, todos los hábitos que tú tienes tú los has hecho, pero ponle atención, ellos te están haciendo a ti, o mejor dicho, te están creando; en pocas palabras eres esclavo de los hábitos. Bueno dices tú ¿qué es un hábito? bueno un hábito es una manera de actuar adquirida por la repetición regular de un mismo tipo de acto, o por el uso reiterado y regular de una cosa o costumbre, felicidad para hacer una cosa que se adquiere con la práctica.

Bueno por mencionar algunos, por ejemplo. El hábito de fumar, o el hábito de tomar café, o el hábito de comer la comida rápida, o fasts food etc. El hábito de traicionar a su pareja es un hábito, o el hábito de sacar préstamos y no pagarlos, el hábito de las drogas, el hábito del alcohol etc. Bueno, eso son algunos hábitos ya mencionados.

Pero bueno lo que yo veo, es que no venimos a hablar solo de eso, yo veo que hay mucho más en ti que no me has dicho. Por favor dime que te sucede hermano.

Me dirige la palabra y me dice "lo que me pasa es que mi vida ya no tiene sentido, mi vida es un desastre".

A ver a ver a ver; párale ahí, le digo.

Y mientras él me estaba compartiendo eso yo pensé adentro de mí y dije; bueno, esto no es la primera vez que yo escucho esto. Con barias personas que yo había hablado me parecía lo mismo, para mí ya no era sorpresa.

Bueno le digo, déjame ver si te he entendido hermano. Tú me dices que tu vida no vale nada, que es un desastre; y me estás diciendo que tu vida no tiene sentido.

El mirándome a los ojos me dice; "si hermano así es".

De acuerdo le digo, pues dime te escucho, aquí estoy para escucharte platiquemos.

"Mira". Me dice "estuve trabajando de voluntariado para una iglesia".

(Bueno, por ética no mencionamos la iglesia)

"trabajé de voluntario en una comunidad, o comunidades religiosas. Cuando yo les decía que me dieran alguna donación, ellos me decían que lo sentían porque en la iglesia se trabajaba de voluntario sin esperar nada a cambio; bueno yo enseño Ingles y mi propósito es que toda mi comunidad aprenda y salga adelante".

Recalcó que estoy hablando de la comunidad latinoamericana.

Y él seguía diciendo "Yo quería que en este país los hispanos nos levantáramos, aunque sea hablando otro idioma ¿Pero sabes qué? lomas duro no es eso, lo más duro y lo más fuerte es que desde que yo vine a este lugar, o a este territorio vine a caer al infierno; mi peor error que yo cometí en mi vida fue llegar a este lugar".

Le digo, te escucho continua para mejorar la vida.

"Lo que sucede es que cuando les conviene ellos me quieren, me aceptan, me aplauden y chévere todo está bien, pero cuando uno necesita no tienen amigos, familia, conocidos, ni nada por el estilo; quiero largarme de aquí lo más pronto posible, porque tampoco no soporto ahí donde yo vivo. Hay personas que dicen creer en Dios y se la pasan hablando tonterías, que yo maté y Dios me perdonó, que yo fui uno de las maras, que yo estuve en el ejército y sé que es agarrar una arma. Eso por el estilo, ya estoy cansado de que ellos me estén manipulando. ¿Porque digo que me están manipulando? Porque hablan de todo eso y se me quedan viendo como que si yo fuera un desconocido para ellos, como quien dice nosotros sí y tú no".

Bueno un momento no te estoy entendiendo ¿podrías ser un poco más específica? le digo.

Debo de recalcar que mi amigo era un hombre muy sencillo muy diferente a los que se han peleado la vida, él era una persona muy especial, bueno ¿porque digo que era un amigo? Si sigues leyendo, te enteraras porque es muy importante tener amigos y contar nuestros problemas y porque era especial.

Le digo, aquí no voy hablar mucho, solo voy a tocar unos pequeños puntos al fin y al cabo que aquí no vine a hablar contigo, no Benites a escucharme hablar; pero a veces es necesario que yo hable. Le digo, antes que se nos escape el tiempo que tenemos para hablar, hoy solo te voy a hacer una pregunta, yo ya lo sé desde que te vi desde un principio yo sé quién eres tú, pero antes que te lo pregunte por favor confía en mí, si todos te han rechazado yo no lo haré; como te dije hace un momento, yo te veo no como te ve la comunidad ni cómo te ve tu familia. Incluso ni cómo te ven los miembros de tu iglesia, si no que yo te veo cómo te ve Dios.

¿Tú eres homosexual?

Él se me quedó viendo y me dice "¿cómo tú lo sabes?"

Yo conozco la gente especial, por eso yo lo sé.

Él me dice "si claro sin titubear si lo soy".

O pues claro eso explica el problema. Por eso es que a la gente no le caes bien, porque cuando somos muy especiales para Dios, para el mundo no somos nadie.

¿Qué te parece si la dejamos aquí y seguimos hablando la próxima semana? qué te parece.

Él me dice, "me parece bien".

Quiero recalcar que estoy escribiendo esta historia para trasmitirte un mensaje, que todo lo que siembras cosechas. En este libro te encontraras con frases como, tus palabras son la semilla, tu mente es una maquina poderosa para construir y para destruir.

Cambia tu forma de pensar y cambiara tu forma de vivir, conforme son tus pensamientos así será tu vida, porque tus palabras son dinamitas etc. Conforme vas leyendo este libro, vas a ir descubriendo cosas nuevas y maravillosas. Incluso descubrirás cosas dentro de ti que siempre han estado ahí buenas, o malas. Constructivas, y destructivas, eso es si no lo has descubierto ya. Continuamos con esta conversación mi amigo y yo. Cuando regresamos la próxima semana nos vimos en el mismo lugar. Y le digo a mi amigo, déjame retroceder un poco y veamos de lo que hablamos la semana pasada.

Tú me dijiste que no tenías trabajo, trabajabas de voluntario antes de conocernos y que nadie te había reconocido nada.

"Por supuesto, claro que nadie se dio cuenta quien soy yo en realidad estaba enseñando Ingles; por supuesto, yo que tenías muchas deudas todo eso y muchas cosas más".

Le digo, antes que yo siga hablando por favor sigue, yo te escucho.

"Bueno, no recuerdo si te lo dije pero estoy harto de este lugar ya no sé ni para donde irme si para mi país, o para otro lugar dentro de los Estados Unidos. Ahora necesito encontrar trabajo, porque tengo una gran responsabilidad, pues necesito trabajo; eso es todo lo que tenía que decirle por ahora".

Le digo, quiero iniciar con una frase con mucho significado y yo veo que caerá bien en este momento:

Dice así; vuela a la par de las águilas, sino puedes volar a la par de las águilas entonces vuela con los pájaros. Si no puedes volar con los pájaros, entonces corre. Si no puedes correr al menos camina, sino puedes caminar, gatea. Pero agás lo que agás no te quedes donde estas sigue moviéndote para adelante. "Ventura C García"

¿Porque quise empezar con este mensaje motivador? por lo que yo veo, en este momento estamos gateando.

Mira; quiero compartir esto contigo querido (a) lector. Solo préstame un momento de atención y yo te daré la respuesta a tu problema. Le digo a mi amigo, mira primeramente te voy a hacer una pregunta. ¿Tú perseveras en algún lugar, en una congregación o algo por el estilo?

"Si ¿Porque?" me dice.

Por lo que veo le digo, tú eres una persona tranquila no fumas, no consumes alcohol y eso te hace diferente.

"Mm, que bueno me lo dices, yo iba a un grupo pero me pusieron cientos de peros, me dijeron si no cambias tú no puedes servir; y un montón de cosas que al final de tanta crítica hacia mi persona, me sentí pésimo me deprimí y cuando me di cuenta que no me aceptaban con eso me dieron el tiro de gracia".

Le digo, no tienes trabajo te critican, no colaboran contigo, no te aceptan. Mira, primeramente tu vida no depende de los demás ni de lo que digan los demás, o como lo digan, o donde lo digan. Eso es como le llamo yo, las flechas encendidas del mundo y por lo que veo ya estas quemado viejo. ¿Porque te dije yo que te voy a ver diferente? porque según mi experiencia, el mundo o la mayoría de la gente, no todos pero la gran mayoría, lo que hacen es que ellos te aman, te aceptan te aplauden, te cuidan solo por lo que haces y te dicen o lo que ven en ti, según dicen que eso eres tú.

Pero cuando dejas de hacer o de decir lo que ellos quieren, entonces allí ves la realidad, entonces eso marca la diferencia allí te das cuenta que son pocos, o a veces nadie se queda atulado cuando más los necesitas, a veces algunas personas lo tratan a uno como robot y se olvidan que somos humanos y también tenemos sentimientos, ellos quieren que tú hagas, o digas lo que ellos quieren que según para ellos es lo correcto. ¿Porque? Te preguntas ¿porque lo hacen? Sencillo de entender, porque ellos así fueron creados. Ellos vienen hablando como sus antepasados hablaban, vienen creyendo lo que sus antepasados creían, vienen confiando en lo que sus antepasados confiaban. Y así sucesivamente. Es más creen en el Dios que sus antepasados creían.

Me dice mi amigo, "yo me pregunto ¿Cuál es el tipo de Dios que ellos creen, quien es, como se llama, donde vive y donde está, por el amor de Dios que alguien me explique? ¿Qué está pasando?"

Bueno, te voy a explicar un poco, lo que sucede es lo siguiente: Esto que te voy a decir es mi filosofía de vida. ¿De acuerdo? lo que sucede es que la mayoría vienen arrastrando una tradición. ¿Qué es una tradición? Sencillamente es lo siguiente. Según el diccionario de la real academia española lo define así: "Transmisión de noticias." La doctrina y costumbre se ha conservada en un pueblo, por transmisión de padres a hijos.

Como en el diccionario lo dice claro, es lo que uno transmite a otro y más o menos eso es lo que sucede, venimos arrastrando viejas costumbres y eso lo que hace es sacarnos del redil, porque en vez de seguir lo que Dios quiere y ponerle atención a él; lo que la mayoría hace es ponerle más atención a las tradiciones, o costumbres. Y al final cada uno hace a Dios a su tamaño, a lo que le parece mejor, a su conveniencia y por eso hay tantas Iglesias Cristianos, judíos, musulmanes etc. Por mencionar algunas. Pero si te acercas a alguna de esas personas y les preguntas. ¿Oye quién eres? ¿Qué haces aquí en la tierra? ¿Cuál es tu propósito? ¿Que Dios piensa de ti? ¿Para qué Dios permitió que nacieras donde tu naciste? ¿Porque estas ahora aquí? Etc. incluso si le preguntaras a líderes, algunos te dirían, m, m no sé, creó que para predicar el evangelio. Algunos te dirían, que a poner de su parte de compartirlo con su gente. No todos somos llamados para estos y para realizar este trabajo. Yo estoy aquí para hacer el trabajo que estoy haciendo.

Mm algunos te dirían, para ocupar esta tierra y otros te dirían, no lo sé, a ver dime tú las respuestas, ¿Qué hago aquí? La respuesta es completamente ¿qué haces aquí? ¿Pero dónde estás, quien eres tú? oh es una pregunta tan profunda no está fácil responderla. Si tú puedes responder estas y otras preguntas bingo, entonces sabes que estás haciendo aquí. Ya toqué este tema al inicio, yo sé que ya tienes idea de lo que estamos hablando. Mira, como yo te dije cuando empezamos a hablar que yo te voy a ver cómo Dios claro. Primero quiero preguntarte lo siguiente: todas las preguntas que he hecho recientemente, cuando yo le pregunté qué cree él; ¿Qué pensaba Dios de él? Y él me dice, "bueno yo creo que Dios cree que soy un torpe; yo creo que Dios piensa que soy un desastre un hombre pecador, alguien que quiere hacer las cosas bien y al contrario termina haciendo las cosas muy mal".

Espera un momento amigo; le digo, primeramente controla tus palabras porque todo lo que hablas de ti sea positivo, o negativo afecta de una manera considerable en tu vida; Eso es normal lo que tú crees que Dios piensa de ti, porque ahí hay 2 puntos muy importantes número 1, es el Dios que te han presentado y número 2, ese es el Dios que tú te has permitido tener, o ese personaje lo has dejado instalar en tu vida. Pero la realidad es esto que te voy a comunicar. Pero recalco que no te estoy ablando porque quiero convencerte, o quiero que creas lo que yo creo, o lo que quiero hacer a mi manera no. no. no. claro que no. lo que te voy a decir, es que mi propósito es que tú lo descubras por tu propia cuenta, recuerda que tus palabras son dinamitas; y otra cosa lo que siembras eso cosecharas. Mira mi amigo te voy a decir que piensa Dios de ti. Numero: 1, Dios piensa que tú eres su perla precioso, que por ti es capaz de dar la vida de nuevo si es posible. Déjame te digo que para tu creador tu eres perfecto.

No saques las palabras fuera de contexto mantenlas en el contexto porque tu creador no hace basura, no hace porquerías, no hace perdóname, la palabra el no hace caca: De acuerdo, la gente que tú dices no te acepta tal como tú eres, sabes ellos están en lo correcto ¿Sabes porque? Porque tú eres especial eres un águila entre los pollos y las gallinas. Siempre te van a ver diferente ¿entiendes lo que digo? cuando tu creador te creó él sabía que ibas a ser, o en quien te ibas a convertir en esta tierra. ¿Tú crees que él no sabía que eres un homosexual? ¿Tú crees que él te creó y cuando tú cambiaste y te pareció escoger la otra vida de las personas normales es decir, la homosexualidad tu creador dijo Ooops, lo siento cometí un error le puse diferentes sentimientos y se me olvido ponerle {Vagina} Oooops? {¿O Pene?} ¿O lo siento con esta persona, pensé que era perfecto pero aquí si metí la pata, dijo eso? claro que no. ¿Me estás diciendo que te han presentado a un Dios que se le olvidan las casas? ¿Que no sabía que las mujeres se iban a prostituir y no sabía que iban a ver divorcios, Peleas, engaños, adulterios, envidias, lujuria, codicia, mareros, contrabandista, drogadictos, abogados, corruptos, doctores corruptos, Políticos ladrones, Millonarios, pobres, Presidentes ladrones y mentirosos, reyes ladrones, terrorismos, guerras, etc.?

¿Me estás diciendo que Dios no savia todo esto y más? A ver a ver a ver. Lo que sucede es que para todas estas cosas hay un propósito divino. En tu caso tú tienes un propósito muy codiciado por los otros y lo que no aceptan de ti es tu luz, sí; tu propia luz, cuando tu luz brilla más y más fuerte que la de los demás, tratan de apagarla la tuya para que brille la de ellos; lo triste es que ya lo están logrando.

Te voy a compartir una frase motivadora de tu servidor. Recuerda que cuando la tormenta esta fuerte, es cuando las águilas vuelan más alto sobre la tormenta. Cuando uno está tirado, lo único que queda es la nada. Es lo mismo cuando estas nadando y estas en lo profundo del mar, lo único que queda es salir hacia arriba. Cuando estas tirado lo único que queda es levantarte y caminar, o gatear, o volar.

Te recomiendo leer esta frase de nuevo. Vuela a la par de las águilas, sino puedes volar a la par de las águilas entonces vuela con los pájaros. Si no puedes volar con los pájaros, entonces corre. Si no puedes correr al menos camina, sino puedes caminar, gatea. Pero agás lo que agás no te quedes donde estas sigue moviéndote para adelante. "Ventura C García"

Más cuando estás en la profundidad, no tienes nada que perder porque no tienes nada. Así que levántate no tienes nada que perder y mucho que ganar. cuando hay una tormenta los pajaritos se asustan, pero las águilas saben llevar la tormenta. Y sabes mí amigo (a) tú no eres un pajarito, déjame te digo, tu eres una gran águila, lista para soltar sus alas y volar una vez más. Se como los aviones, siempre ve en contra de la ley de la gravedad.

Sabes, deseo compartirte como trabaja nuestra mente bueno la mía y la tuya, pero antes te voy a compartir una metáfora pero muy cierta en la vida real.

5

El abuelo el burro y el nieto.

Una vez el abuelo le dijo a su nieto; "mira vámonos acierto lugar." El nieto le dice, "bueno abuelo como vamos hacer si ese lugar es muy lejos para caminar" "Bueno le dice el abuelo, vamos a llevarnos el burro". Empezaron a caminar y el abuelo se montó en el burro y cruzaron un pueblito y la gente decía, "miren que viejo tan degenerado el montado y el niño a pie, que degenerado es" el abuelo se dio cuenta de lo que estaban hablando y le dijo al nieto, "bueno hijo, móntate tú" el nieto se montó en el burro y cruzaron otro pueblo y la gente de nuevo se les queda viendo y dicen, "miren que niño tan degenerado el montado y el viejo que apenas le dan las piernas caminando, que degenerado".

Cuando el abuelo escucha una vez más lo que estaban hablando dice el abuelo, "sabes que bájate hijo" y siguieron caminando, el abuelo a la derecha y el nieto a la izquierda, luego cruzan otro pueblo y cuando cruzan el otro pueblo la gente se les quedó viendo y dicen, ja ja ja; "Miren tienen un burro y no lo saben usar, que tontos" cuando el abuelo escucha lo que decía la gente dice, "bueno hijo, ¿sabes qué? Montémonos los dos en el burro" así lo hicieron, luego cruzaron otro pueblo y la gente sale y se quedan viendo y dicen, "Aaaahh miren, miren pobre animal" cuando el abuelo escucha eso dice, "bueno hijo ¿sabes qué? Llevémonos nosotros al burro".

Y así fue, se lo llevaron al burro entre los dos y cruzaron a otro pueblo y cuando cruzaron el otro pueblo la gente se les quedó viendo y dicen, miren, miren que imbéciles, en vez de que el burro los carguen ellos cargan al burro.

Como ves mi querido lector (a) nunca en la vida vas a caer bien. ¿Pero sabes qué? no esperes caer bien, o mal simple y sencillamente hazlo. Vas posiblemente a fallar, vas a perder posiblemente, vas a ganar posiblemente, solamente hazlo. O como se dice en Ingles; "Just do it". El creador nunca se confunde lo que él hizo lo hizo bien, y lo hizo bueno. No se equivocó contigo amigo, él sabe perfectamente quien eres y que puedes llegar hacer. Yo te pregunto, ¿qué puedes hacer? respóndete tú mismo esa pregunta.

O más bien dicho, ¿qué crees tú que cree Dios que tú puedes hacer? puede ser que los de más te digan que tu no sirves, o que tú no puedes, que los demás pueden menos tú, o que los de más saben mejor que tú y que lo que tú sabes, o puedes hacer, sale sobrando. Pero déjame darte una palabra de motivación y de aliento; te voy a decir que es lo que Dios cree de ti. Pues tú creador sabe que tú puedes hacer cosas que ni siquiera tienes idea de que y como lo puedes hacer, cosas que ojo no vio, oído no oyó. Me refiero a tu creador él sabe que tú puedes tener todo lo que tú te propongas, con tal de que te la creas. Él te ve cómo ven los ojos de un par de novios y un poco más, él está enamorado de su creación.

Porque él te tenía en su mente y en su corazón. Él te planeó desde antes y él sabe qué clase de maquina eres, él sabe de qué eres capaz. Tu Heres completamente su gloria aquí en la tierra, hagas lo que hagas tu Heres una pieza divina aquí en esta sagrada tierra, lo único que tú y yo tenemos que hacer es buscar ese poder en nosotros. No.

en tradiciones, o en transmisiones no verdaderas, busca la verdad, esa verdad está en ti, dentro de ti, la verdad es amor, esa no es tu verdad, ni las verdades si no la verdad.

Y la verdad no la vas encontrar ni en tu mente, ni en tu cuerpo, ni en tu alma, ni en lo exterior. Cuando me refiero a lo exterior, me refiero a todo, cuando digo que está dentro de ti es porque lo vas a encontrar en tu espíritu, en tu yo profundo en lo más profundo y más oculto, está en tu espíritu; eso es lo que te identifica. Tú eres un ser humano, no un hacer humano. Cuando te paras al espejo. ¿Qué miras? Bueno, posiblemente dirás me veo yo. Pero déjame te digo que tú no eres esa mente, ese cuerpo; tu eres lo que observan esa cara y ese cuerpo. Tu eres un ser infinito, todo lo que ves es finita, pero tú eres infinito. Tú no eres un ser humano que está experimentando lo espiritual, tu eres un ser espiritual experimentando, o viviendo lo humano, o el ser humano. Tu eres lo que Dios dice que eres, tu puedes hacer lo que Dios dice que puedes hacer, No lo que la gente dice, tú tienes lo que Dios dice que tienes, no lo que la gente dice, que tienes. Si estas rodeado (a) de gente negativa que siempre va a encontrar de lo que he mencionado, o que no te simpatizan.

Bueno pues sale corriendo, vete de allí, aléjate de allí pelea por tu vida y por los tuyo. Incluso si en tu congregación si ves que las cosas se salen del orden de la verdad pues vamos, corre por tu vida. Recuerda que tus palabras positivas, o negativas que dices y que te dicen, afecta de una manera considerable en tu vida. Recuerda que las palabras son dinamitas, lo que siembras cosechas.

Aprendí que el coraje no era la ausencia del miedo, sino el triunfo sobre él, el valiente no es quien no siente miedo, sino aquel que conquista ese miedo.

Porque el temor es lo opuesto de la fe. Pero bueno, yo voy a ir un poco más lejos. Pedro el discípulo de Jesús Mt

14:22-33 lo puedes leer en tu biblia. Veras, Pedro por el miedo y por quitar la mirada del norte, o del blanco, o en este caso de Jesús; él se hundió. Porque el miedo del qué dirán, o que va a decir, o porque lo dijeron, o que me van hacer, o por el miedo de que no lo hago porque dicen que no lo puedo hacer etc. Por eso y por todo lo que realmente no vale la pena Perdemos la vida, perdemos nuestra alma, perdemos el conocimiento de nuestra identidad. Al final ya ni sabemos quiénes somos. Y terminamos creyendo que somos lo que los demás dicen que somos. Bueno, después de esto el tiempo se nos esfumó. Eso fue lo que hablamos en ese día. Y quedamos que íbamos a hablar la semana de febrero del año 2013.

Nos vimos el 7 de febrero y la verdad la cosa ya estaba seria. Pues ese día yo trate de no hablar.

mi amigo se sentó frente a mí y me dice, "sabes, estoy confundido, pero espera; no estoy diciendo que tú me confundiste, lo que digo es que yo siento que soy otra persona, pero no sé quién soy yo creo que necesito hablar con alguien más, porque creo que hay algo más que yo necesito escuchar".

Bueno le digo, está bien, adelante si crees que lo que necesitas no lo has encontrado en mí, pues tu eres libre Y tu libertad es la que te hace decidir, pero solo una cosa te voy a decir, busca pero yo creo que vas a perder tu tiempo porque si lo que yo te he dicho no te funciona lo dudo que encuentres alguien más que te dé una respuesta más concreta; no estoy diciendo que no busques, lo que digo es que, busca pero con los ojos muy abiertos.

"Está bien" me dice; "yo creo que lo que buscaría, o la respuesta que yo buscaba, ya la encontré solo que no lo veo todavía."

¿Mi amigo sabes qué? Si gustas venir mañana a mi casa a una fiesta que voy a tener en mi casa eres bienvenido, le digo, allí vamos a celebrar y compartiremos como familia.

Me dice, bueno, que chévere nos vemos allí ¿a qué horas?

Bueno, después de las 6: PM.

Ok. Nos vemos mañana.

Así quedamos, recuerda mi querido lector, he estado hablando de una persona muy especial un "homosexual". Pero sabes, el error que muchas personas cometen es que cuando ya saben un poquito ya se creen que saben más que los demás; se sienten la única Coca-Cola, en el desierto, es más, algunos se creen saber más que Dios. Sabes, este libro que tienes en tus manos no es un libro de religión, o un libro religioso, es un libro de ayuda personal, o auto ayuda.

Quiero compartir un poquito de las creencias de muchas personas, por ejemplo; ya tienen un lugar en un grupo, o en una iglesia ya es líder, dicen aquí se va a hacer lo que el líder diga, o si no lo haces pues lo siento, tendrá que irse. No sé, pero hay lideres tan profesionales tan expertos que no tengo otro título para ellos; porque eso es lo que son unos profesionales. El profesional lo único que tiene es conocimiento pero sus actos solo hablan de basura, no te lo dicen en tu cara, pero te empiezan a echar la culpa de lo que pasa, o de lo que no pasa. Te dicen que lo que haces no está de acuerdo de lo que tienes que hacer, o lo que haces o dices no estás sincronizada, con la verdad. También muchas veces se paran en un pulpito solo para tirarles a aquellos que no les agradan, y lo único que quieren es que te largues de ahí, o te vayas.

Los muy sin vergüenzas ya cuando te vas, algunos te llaman y te dicen, oye porque te has ido, mira cuanto sentimos tu ida, pero sabes aquí te esperamos con los brazos abiertos. "hipócritas" Y algunos ni te llaman. Ya vez lo más triste es que algunos solamente se prestan para juzgar, le dan una patada a Dios lo quitan de su silla y se sientan ellos, en ves que Dios juzgue, juzgan ellos. Pero no todos dicen eso; son algunos. Luego te dicen mira tú, y te señalan con el dedo, sí; tu homosexual, lesbiana, adultero, fornicario, mira tú cobarde, que abandonaste a tus hijos mira tú que estas en el mundo, si no te arrepientes te vas a condenar, si no te arrepientes te vas a ir al infierno.

En vez de buscar algún modo de comprenderte como un ser humano te quieren a ser como ellos y se olvidan que cada uno somos diferentes; te gritan tú, homosexual, eso es del diablo, arrepiéntete hombre y mujer porque en la biblia dice: Y te sacan una cita bíblica; por eso yo les llamo, profesionales no cristianos, o creyentes, se creen saber la biblia completa de pasta a pasta pero mi amigo ¿de que te sirve si solo te quedas en conocimiento y tus acciones son basura, pero al final no saben nada. Mira tú lesbiana, todo esto es del diablo, adultero, adultera, fornicario, mujeriego, prostituta, eso es del diablo no de Dios. Cuando yo escucho a ese tipo de gente digo, pobrecitos, no saben nada que mente tan pobre tienen. Tal vez no han leído el pasaje donde Jesús dice que los publicanos y las prostitutas, van primero para el reino de Dios. Quitan a Dios de su silla y le dicen, mira Dios hazte a un lado, tú no sabes juzgar yo sí.

No se dan cuenta que él fue nuestro creador, el que savia que es lo que puso en ti y en mí. ¿Y me estás diciendo que Dios no sabía que íbamos a comportarnos como lo estamos haciendo? Claro que él sabía por eso nos dejó en esta tierra sagrada; Tú no sabes sí a través de la homosexualidad ahí está la salvación, o las lesbianas, o a través del adulterio él se va a salvar, o a través de todo lo malo que según tus ojos. Es el creador el que los va a salvar, incluso los mareros se salvaran, a pesar de sus malas hazaña ¿Me estás diciendo que hay que ganar a Dios? ¿Qué hay que ganar lo que tú llamas salvación? Entonces, ¿para que murió tu Cristo? ¿Solo para qué nomás tuvieras una cruz en el pecho ahorita? ¿O murió solo para que tengas una cruz enfrente de tu iglesia, o en tu casa? Claro que no, que mente tan pobre tienes, Dios sabe que lo que tú estás haciendo es lo mejor, pero siempre y cuando sepas quien tú eres.

Sabes a estas alturas ¿Quién eres? Bueno, pasemos a lo siguiente: cuando veas todo eso no juzgues por favor, nadie tiene derecho de juzgar, a nadie ni a nada. Eso me hace recordar una historia de la vida real, iba el hombre en su auto a toda velocidad se arre basaba a todo el que encontraba a su paso y de tanto correr sale a una autopista más grande y el hombre acelera más, pero hubo un instante que arrebasó a un mustango de esos carros tan caros y cuando lo arre baza el hombre que fue arre basado por este hombre, se enojó y se le atravesó adelante y le dijo, ¿qué te pasa porque vas tan deprisa "cuál es tu prisa"? y el hombre que iba arre basando a todos los autos por la calle, le decían; quítate de mi camino voy de prisa y el hombre del mustango se bajó del carro y le dijo ¿o si vas de prisa? Veras le dice, esta será la última vez que corres, saca la pistola y lo mata; Después que el cuerpo fue removido del lugar, se dieron cuenta que el hombre que iba de prisa arre basando todos los autos; porque llevaba su niño enfermo en el asiento de atrás para el hospital a punto de morir y esa era su prisa:

Por favor no juzgues, cada uno somos un mundo diferente. Cuando veo que la gente solo critica, solo veo tradición. Con razón la biblia dice en ósea; 4:6 mi pueblo se pierde por falta de conocimiento.

Bueno pues; sigamos con la historia de mi amigo. Nos vimos a las 6:00 pm. Era el 8 de febrero del 2013, estuvimos celebrando y platicando, también vinieron otros amigos y aproveche en ese momento para compartirles un tema que también te lo quiero transmitir a ti titulado como trabaja la mente, o qué es la mente y que es el subconsciente, ojala lo disfrutes como nosotros lo hicimos.

6

La mente racional y lamente irracional.

Entonces le digo a mi amigo y a los que estaban ahí presentes. Una pequeña comparación acerca de la mente racional, y la mente irracional, lo que siembras cosechas. Ahora lo vamos a ver con unos simples ejemplos. Ejemplos que lo vemos en nuestra cotidianidad. Excelente, dijeron. Estamos de acuerdo, vamos a escuchar a ver qué tienes para nosotros el día de hoy. Bueno, yo como siempre me gusta poner ejemplos, simples ejemplos qué pueden aprender los niños, hasta los bebés.

Pero el consciente es como las semillas, que vas a sembrar en la tierra que ya está cultivada. La tierra tipifica el subconsciente, o la mente irracional de la que estamos hablando, ambiente racional. La semilla que un agricultor agarró, y la sembró en esta tierra que el día de mañana va a empezar a cultivar, esa semilla Sagrada para alguien de su familia. Siembra esa x semilla, sea lo que sea se siembra en esta tierra. Espera 3 o 4 días o hasta 5 días y esa semilla todavía no ha salido está todavía sembrada. Cuando regresa en los pocos días, se da cuenta que esa semilla (podemos poner el ejemplo del Maíz) ya está saliendo. Y el agricultor se alegra por ver esta semilla que ya está fuera de la tierra, porque ahora ya la tiene que mantener; le pone mucha atención a la semilla se da cuenta a su alrededor si tiene Monte, o no tiene animales, o no hay animales en este caso ya no es semilla, en este caso ya es una plantita que viene creciendo.

Empieza a mantenerla poco a poco, le pone su abono, le echa veneno para que la mala hierba no malogre a la planta. Y así sucesivamente la está manteniendo, va creciendo esa semilla y hay que echarle tierrita en la raíz, porque si no se va a caer por el aire, y para que no se caiga del aire que eso es lo que no conviene para el agricultor, le pone atención acerca de agregarle tierra en la raíz. Sigue creciendo conforme el tiempo va pasando, el agricultor sigue contemplando esa semilla, cuando se da cuenta llega un momento que la milpa ya está grande, ya está reventando ya la florecita se va a ver, o a anotar; en pocas palabras, porque ya está creciendo esta siembra.

Ya con el tiempo se da cuenta el agricultor que la semilla ya tiene fruto de lo que ha estado sembrando y cultivando los últimos días, o las últimas semanas, o los últimos meses. Ahora tiene el privilegio de cosechar de lo que ha sembrado, ahora va a cosechar de la semilla que sembró.

Pusimos como ejemplo la semilla del Maíz. Pero al menos está cosechando su producto, está cosechando lo que él quería cosecha. No lo que la tierra quería cosechar, sino que lo que él pensó que era correcto para él y su familia. Ahí está para mí un ejemplo muy simple para el subconsciente y la mente racional, la semilla es la mente racional. Porque el agricultor sabe que lleva una semilla, pero en este caso; el agricultor no es la semilla, el agricultor eres tú, la semilla es la conciencia o el consciente. Y la tierra eso es el inconsciente.

Es porque la tierra no pregunta qué es lo que está sembrando, o porque lo estás sembrando. El agricultor es bueno, o es malo se porta bien con su familia, o se porta mal. La tierra no pregunta ¿porque tiene que dar fruto de lo que el agricultor está sembrando? La tierra no discute con el agricultor acerca de la semilla. No le dice, porque la estas sembrando tan temprano, o porque la estas sembrado tan tarde, o porque la has sembrado en el día de hoy. No. la Tierra no se dirige al agricultor y le saca en cara lo que está haciendo, no le pregunta si es millonario, o no es millonario. Tiene hogar, o no lo tiene. Vive en casa o no la tiene etc. etc. Simple y sencillamente lo que la tierra hace es, recibir la semilla, y dar lo que la semilla trae en su interior.

Que la semilla y la tierra entienden la ley de la siembra y la cosecha. Y ahí se pone en práctica, o ahí se aclara la ley de la siembra, y la cosecha. En ese momento es cuando la tierra no discute, solo trabaja para que la ley de la siembra y la cosecha funcionen, para que la ley de la siembra y la cosecha trabajé a lo que se le ha ordenado. La conciencia es algo similar, la conciencia es lo que te lleva a estar consciente de lo que está pasando el día de hoy. De lo que estás viendo el día de hoy, de lo que estás atrayendo el día de hoy, quiénes son tus amigos. Estás consciente quién es tu pareja, o tus hijos, o tu trabajo, tienes dinero o no tienes dinero, tienes hogar, o no tienes hogar.

Estás completamente consciente, cuando te pregunta alguien ¿tú puedes ser diferente, o mucho mejor de lo que como eres? Tú consciente te manda la señal y te dice, mira como estas, es el consciente qué estás completamente consciente de lo que estás escuchando y de lo que estás viendo. Porque la realidad es otra, y ahora lo que te están diciendo es otra cosa insignificante para ti, o para tu mente; algo que no es alcanzable por tus fuerzas porque eres otra persona. El subconsciente lo que él hace es solamente escuchar lo que está enviando la conciencia. Estoy enviando algo negativo, o algo positivo, o algo cierto, o algo que es mentira, o algo verdadero, o algo que no es verdadero. La conciencia está enviando buena, o mala señal, y eso es lo que va a grabar el subconsciente, o el inconsciente.

Como la palabra completamente lo dice él está inconscientemente, solamente recibe señal, solamente recibe lo que la conciencia le manda. La pregunta para ti ahora es ¿qué es lo que estás enviando a tu subconsciente? Lo que estás viendo ¿será eso lo que estás enviando a tu subconsciente? posiblemente eso será, porque lo he dicho y lo sigo diciendo, que hay personas que viven conforme está el clima. Si el clima está nublado, así están ellos interiormente. Si está soleado, así están ellos interiormente. Si está lloviendo, así están ellos interiormente. Si está nevando, así están ellos interiormente. Si hay demasiado calor, así están ellos interiormente.

Si hay demasiado frío, así están interiormente. Es decir, que se dejan llevar por lo que escuchan, se dejan llevar por lo exterior y son incapaces de poder avanzar. Debes de decir, no importa qué es lo que está sucediendo exteriormente, yo tengo el poder, tengo la fuerza, tengo la autoridad, tengo el regalo maravilloso de poder seguir adelante y decir; absolutamente yo puedo cambiar mi presente, puedo cambiar mi pasado, puedo cambiar mi futuro, puedo cambiar mi vida, puedo cambiar mi relación matrimonial, puedo cambiar mi familia; puedo cambiar en mi trabajo, puedo cambiar que me miren de cierta forma, puedo cambiar. Para que de hoy en adelante no me envidien, o no me critiquen, o no hablen mal de mí. Yo puedo cambiar, porque no voy a poder hacer callar a una persona, pero sí va a depender de mí, lo que voy a dejar entrar a través de mis oídos, en mi mente y en mi corazón.

Recuerda nada más que tú no puedes taparle la boca a las personas, o al mundo, hablando de otra manera. No puedes taparle la boca al mundo, lo que si puedes tapar son los oídos. Tú no puedes permitir que un pájaro haga nido en tu cabeza, pero que se paren en tu cabeza sí, aunque lo permitas o no, el pájaro se va a parar en tu cabeza. Pero sí hace nido va a depender de ti, tú le vas a permitir. Y poco a poco así tu vida va a ir cambiando, pero entiende una cosa, que todo depende de ti. Y cuando te levantas con esta actitud positiva en la vida, seas la persona que seas, o tengas la profesión que tengas.

Tengas el privilegio que tengas; bueno, digo privilegios porque muchas personas tienen grandes privilegios en esta tierra, otras personas no. Pero bueno, otras personas no tienen el privilegio que otras personas tienen. Pero mi consejo es no te dejes llevar tanto por el privilegio, o por el regalo que la vida te ha dado. Porque hasta aquí posiblemente la vida te ha sonreído, la vida te ha regalado muchas cosas, talvez la vida te ha aplaudido, no célebres tanto, porque tarde, o temprano eso puede caer, porque todo pasara, lo bueno pasará, lo malo pasará; así como lo malo pasa así lo bueno también pasa. No te rías mucho, no célebres mucho cuando todo está bien. No estoy diciendo que no tienes que divertirte está bien, pero no te agarres de ahí, no te esclavices de la felicidad. Porque tarde, o temprano te sorprenderá la vida y ahí te va a doler. Así que todo pasa mi amigo y mi amiga la verdad pasa la mentira, también pasa lo malo, pero el amor siempre permanecerá allí, y lo que más permanecerá es el día de hoy, o el ahora y lo que siembras, porque la conciencia es la semilla y el inconsciente es la tierra. La tierra solamente va a recibir la semilla que tú le mandes, y eso es lo que vas a cosechar el día de mañana.

Entonces, es el momento para que des un paso hacia atrás, y poder pensar qué es lo que has hecho, que es lo que no has hecho, que es lo que debiste de hacer y no hiciste, o qué fue lo que tuviste que sembrar pero no sembraste. Que fue, talvez se te pasó la mano no hiciste las cosas correctas cómo deberían de ser, pero ahora es el momento ahora es cuando que empieces a sembrar. Un dicho dice por ahí que el palo grande, o el palo viejo torcido ya no se enderezar. Pero eso yo no lo creo, porque si eres mayor con tal que tenga la voluntad de hacerlo todo se puede en la vida. Así que seas joven pero con el Corazón duro jamás vas a cambiar, seas viejo pero dócil al cambio, entonces si puedes cambiar porque Nada es Imposible en el mundo, solamente lo que tú crees que es imposible eso es imposible. Pero todo lo que tú creas que es posible todo es posible. En este momento antes de finalizar lo consciente, o lo inconsciente recuerda que tú estás consciente de la vida, estás consciente que tienes ropa.

Estás consciente que tienes que bañarte todos los días. Estás consciente que tienes que cepillarte los dientes todos los días. Estás consciente que tienes que alimentarte todos los días. Estás consciente que tienes que dormir todos los días. Estás consciente que tienes que trabajar todos los días para poder traer el dinero a la casita, o pagar la renta, o pagar las deudas. Estás consciente que tienes familia. Estas consienten que tienes responsabilidades que atender. Estas consienten que el día de hoy es el día de hoy. Estás consciente de la fecha de hoy, del mes de hoy, del año de hoy, de la década de hoy. Estás consciente en qué año éstas, en qué siglo estás. Estás consciente de tu profesión y de las responsabilidades que tienes. Muy bien, de todo eso estás consciente; pero date un vistazo alrededor como algo así como monitoreando tu vida, o pasando así como un chequeo personal. Date cuenta que si hasta hoy has estado haciendo lo incorrecto, o si no has estado haciendo lo correcto.

Hasta hoy no has estado sembrando lo correcto. Hasta hoy estás utilizando tu tierra que es el regalo maravilloso del inconsciente, y no lo estás usando de manera que debes de usarlo, o usarlas. Entonces entenderás del regalo que dice Jesús en la Biblia: que los cielos se abrirán a tu favor. Si quieres que los cielos se abran a tu favor, se refiere a que la mente trabaje para ti. El subconsciente trabaje para ti, la conciencia trabaje para ti; pero va a depender de la señal que tú le envíes día tras día, porque si le envías una señal diferente entonces esa misma señal será diferente. Es como un celular, el celular agarra señal del satélite dependiendo de la señal del satélite que le esté llegando al celular, o al teléfono así es la señal que está utilizando en esta tierra. Pero tiene que haber una señal, no puede cambiar esa señal, la señal tiene que ser exacta y perfectamente la misma, no hay cambio no debe de haber cambio.

En la vida es así, no tiene que haber cambio no hay cambio porque lo que se siembra se cosecha. No es de qué vas a sembrar mangos, y vas a cosechar maíz, o vas a sembrar maíz, y vas a cosechar aguacate. Por supuesto que no. conforme la semilla así es el fruto; conforme es el fruto así es la semilla. Recuerda nada más que conforme la semilla es el fruto y conforme es el fruto en la semilla. Entonces ahora es el momento de poder levantarte y poder crear nuevos patrones en tu vida. Así es que felicidades bienvenido a este campo del inconsciente al consciente, y para que el inconsciente le envíe señal positiva al subconsciente, debes de cambiar tu actitud de vida; para que el día de mañana no te sorprenda el subconsciente.

Después de esta hermosa charla seguimos celebrando, claro mi amigo binó a mi casa por 2 cosas; Numero 1= para celebra y estar en familia y 2 para chequear una computadora para poner una radio. Porque estábamos, construyendo un nuevo proyecto de una radio por internar y pues él y yo íbamos a trabajar en una radio, íbamos a tener nuestro propio trabajo radiofónico. Hizo lo que iba hacer quedo algo pendiente y quedamos vernos el 9 de febrero 2013, quedamos a las 5: pm para seguir hablando acerca de nuestro nuevo proyecto.

Quiero antes de comentar acerca de lo que pasó el otro día; como he dicho y sigo recalcando, o más bien dicho, sigo recordándote que todo lo que digas afecta en tu vida, positiva o negativamente afecta de una manera considerable.

Pero hoy quiero decirte, o comentarte acerca del poder de una broma, cuando tú bromeas. Como acabo de explicarte que es tu mente consciente o subconsciente, a tu mente consciente tu no la puedes engañar, pero a tu mente subconsciente si la puedes engañar. Tu mente subconsciente no puede reconocer que es una broma y que es verdad. No reconoce que es correcto y que es incorrecto. No reconoce tu mente subconsciente quien es el que habla tú, o alguien más. Tu mente subconsciente no reconoce entre tú y la otra persona, lo único que hace es reconocer como es y como dijiste; todo lo recibe como un orden. Porque lo que vas a leer a continuación, cambiara la perspectiva de tu vida. Si después de leer lo que te diré a continuación, tú sigues haciendo lo mismo bromeando como quieras, hablando como según tú te parece que está bien, está en ti y en mí. Querido lector (a) yo no te estoy diciendo todo esto para que tú me creas, o crees que estoy tratando de convencerte. No. claro que no. Pero lo que si te digo es que si no me crees está bien, no te pido que lo hagas. Solamente te digo que lo experimentes por tu propia cuenta. Mi filosofía de vida es, conócete tú. Yo no te estoy escribiendo estas líneas, o más bien dicho, no estoy escribiendo este libro para que me conozcas a mí, No. claro que no. yo lo estoy escribiendo nada más y nada menos que para que te conozcas tú, para que te encuentres tú y que sepas quien eres. Estoy apartando este momento para transmitirte un mensaje completamente fresco y nuevo.

7

La trágica historia de me gran amigo.

Nos volvimos a ver y a encontrar; mm más o menos como alrededor de la 5 pm. Esa tarde era una tarde completamente diferente para mí. Cuando llegue a un restaurante de comida rápida, ese día yo tenía muchas cosas que hacer con mi familia, mis hijos, y en la radio. Bueno, yo tenía muchas cosas que hacer. ¿Pero sabes? quiero darte un consejo. Yo he comprendido que cuando alguien me pide su ayuda que yo le pueda dar un consejo y dar un poco de tiempo.

Alguien que necesita un concejo y que alguien le escuche. Aparecen personas que solamente quieren hablar; yo he entendido que en cualquier momento que tenga la oportunidad de compartir yo lo hago. Si alguien me dice "necesito hablar con alguien" aunque tengas miles de cosas que hacer, aparto el tiempo para hacer una de las siguientes dos cosas: Numero uno, escuchar a la persona y número dos, hablar con la persona. Pero lo más bueno de hacer es, escuchar a la persona. Porque tú ni yo sabemos cuándo va a ser el momento que partirá ¿Por qué? Porque tú ni yo sabemos cuándo va a ser la última hora, o el día, o la semana, o el año que esa persona va hablar contigo. Entonces, te digo como en forma de consejo, cuando tengas esa oportunidad o algo similar. No te eches para atrás, sí el tiempo no te ayude, tú tienes todo el tiempo del mundo para compartir y para disfrutar con los demás, entonces no lo desperdicies con cosas que no vale la pena, ni tampoco digas no tengo tiempo.

Porque cuando tú dices no tengo tiempo, literalmente le estás diciendo a tu creador, o aquel que te ha hecho en este mundo, que no he tedio suficiente tiempo. Con eso le estas gritando y le dices algo como esto. Mira quien quiera que seas ¿mira no te das cuenta que yo no tengo suficiente tiempo? mira yo necesito más tiempo ¿y me dices que eres un creador poderoso? mírame yo aquí con escaso tiempo ¿no te das cuenta? bueno dices tú, yo no realmente digo eso. Yo no me refiero a eso.

Cuando digo no tengo tiempo querido (a) lector, déjame te digo que consciente o inconscientemente lo estás haciendo; bueno, me preguntas ¿entonces en vez de decir, no tengo tiempo entonces, como debo de decir? Déjame te digo, en vez de debes de decir, o puedes decir, cuando alguien te pregunte ¿tienes tiempo para otra cosa? tú debes de responder algo como esto; mira mi amigo, o mi amiga, o mira primo, o prima, o mira mi amor, o mira papá, o mira mamá, etc.

Claro que yo con mucho gusto aria eso, o fuera a ese lugar; pero ¿sabes? el tiempo que tengo en este día, ya lo tengo ocupado, ya lo invertí en otras cosas. Bueno, ¿me estás diciendo que no tienes tiempo? No no. claro que no estoy diciendo que no tengo tiempo; lo que estoy diciendo es que si tengo tiempo, pero ya lo tengo invertido en otros cosas. Una cosa te voy a decir, no saques las palabras fuera de contexto. Lo único que hice fue transmitirte un mensaje; por qué si yo estoy diciendo, que hay que apartar tiempo para los demás; luego digo que digas que el tiempo lo tienes invertido en otra cosa, eso es contradictorio ¿no se hace así? Bueno, mi amigo@ esa es mi idea, ahora saca tu propia idea, o tu propia conclusión.

De ahora en adelante la llamada que te hagan contéstala, o el mensaje contéstalo, el email contéstalo etc. Sea lo que sea no dejes para mañana lo que puedes hacer hoy. Bueno mi amigo le digo, te quiero transmitir algo más también te lo quiero transmitir a ti mi querido (a) lector. Todo lo que te he dicho, el hecho que a mí me ha funcionado no quiere decir que te funcione a ti; eso que ha sido de una gran ayuda en mi vida, no te garantizo que lo va hacer para ti ¿porque te digo esto? Es sencillo, si todo lo que lees, o escuchas no lo pones en práctica, te garantizo que no te funcionara; si no lo entiendes al leerlo una vez, léelo otra y otra y otra vez, hasta que este manuscrito sea parte de tu vida.

Entre más lo leas encontraras cosas nuevas que saldrán de este libro, de hecho no de este libro, si no en ti encontraras cosas nuevas en tu interior. En tu yo en lo profundo. En tu yo en lo infinito. En tu yo en lo eterno. En tu creador profundo.

Le digo ¿qué me cuentas este día?

Él me dice, "hoy no tengo palabras, solamente quiero estar aquí"

De acuerdo le digo; supuestamente venimos a hablar de negocios pero sino gustas está bien. En ese momento se apoderó de nosotros un silencio muy raro, una obscuridad cubrió todo mi ser lo mismo sucedió con mi amigo, él no tenía palabras y yo tampoco, las palabras se nos acabaron.

Mi mente estaba vacía y podía asumir que la mente de mi amigo también. Nos mirábamos el uno al otro, pasamos más o menos como una hora sin hablar. Después de esa hora él tomó su celular, se puso a ver fotos y me empezó a enseñar sus fotos que había tomado en su celular.

Pero antes de enseñarme las fotos él me dijo; "mira, siento que alguien me está siguiendo no sé, pero siento que la migración me está siguiendo".

Le digo ¿pero porque, tienes algún delito? ¿Porque tienen que estarte siguiéndote? ¿Hay algún porque?

Me dice, que fue lo que pasó "es que yo entre ilegal a este país, la migra me agarró cuando estaba entrando; me dieron permiso para estar aquí 6 meses y yo no salí el tiempo que supuestamente tenía que salir, no lo hice por eso pienso que me están siguiendo, me digo quiero irme de aquí"

Ok, le digo, ¿porque no te vas? tú estás libre.

"Él me dice, no sé, quiero irme para mi país, Mm tal vez no para mi país, todavía no quiero irme, tal vez me voy a ir para {Norte Carolina} Allá tengo unos familiares. También tengo unos amigos en {Richmond Maryland} tal vez me vaya para haya; pero al final no sé para donde me quiero ir". Le digo, no sé qué decirte, pero lo único que tengo para decirte es, toma la decisión que mejor te parezca. Bueno, el siguió hablando y me dice, "esta es mi madre" cosa que nunca había hecho. Me empezó a enseñar fotos de su familia. Me dice, "mira esta es mi madre, yo vengo de una familia humilde. Te la voy a mandar para que tú la tengas".

Le digo, bueno si gustas, para mí es un placer: sigue enseñándome más fotos.

Y me dice, "te voy a mandar esta, y esta, y esta.

Así sucesivamente me enseñaba fotos de él. Yo me puse a pensar ¿qué está pasando? aquí dentro de mí, por supuesto yo decía ¿porque él está haciendo esto? le digo, está bien mijo, mándame todas las que tu gustes.

Y él agregó, "mira" me dice, ¡"quiero llorar"!

Ok, llora pues; le digo.

Él me dice "si pero yo quiero llorar enfrente de alguien".

Le dirijo la palabra y le digo, lo siento pero la persona que está delante de ti soy yo; pero si quieres llama a la persona hazlo. Pero dentro de mi dije yo soy esa persona que él se refiere.

Me dice, "ya ni me acuerdo cuando fue la última vez que lloré" me sigue diciendo.

Le digo, yo soy el indicado, yo soy el escogido para este momento, le digo literalmente; ahora aquí estoy amigo, llora, aquí están mis brazos mis pulmones para que llores; ven aquí y llora.

Yo había aprendido que las lágrimas es el jabón para el alma, así como es el jabón para el cuerpo, es cuando una persona llora; está limpiando su alma. Y empezó a llorar como un niño sin sus padres. Le digo ven llora, desahógate, saca todo y veraz que te sentirás bien. Entre más lloraba, se dirige hacia mí y.

Me dice, "mira te voy hacer una pregunta, yo sé que tú eres motivador e inspirador sin duda alguna yo sé porque te lo digo, también eres predicador de la palabra de Dios".

Me pregunta él "¿Tú hablarías de los homosexuales, tu hablarías de las lesbianas, tu hablarías de aquellos que nadie quiere"?

Me dirijo a él y le digo, claro que sí; no solamente hablaría de esa comunidad si no que los voy a defender, siempre voy a hablar de lo que Dios les ha dado y como Dios los ve, y no como algunas religiones, por no decir que la mayoría.

Me dice, "¿no te da miedo de lo que dirán de ti, de lo que la gente va a decir de ti; no te preocupa?".

Le digo, claro que no. porque mi vida no depende de los demás, depende de mí y de Dios. No de lo que los de más digan ¿sabes porque no me preocupa? Porque ante los ojos de nuestro creador todos somos iguales, para nuestro creador no hay religión raza, color, ricos, pobres, blancos, negros, altos, chaparros, gordos, flacos, homosexuales, lesbianas, heterosexuales etc.

Para Dios todos somos iguales; pero si diferentes. Porque aquí en la tierra tú y yo hacemos la diferencia.

Él se me queda viendo y dice, "estoy muy orgulloso de ti, estoy muy contento de haber encontrado un amigo como tú" me dice; "te felicito tienes una linda familia, una linda esposa, unos hermoso hijos, tienes un lindo hogar".

Le digo, gracias.

El recapacita, respira profundo y me dice, "ya sé, quién es el problema".

Le digo, Wow que bien dame la mano, te felicito que ya sabes quién es el problema, o cuál es el problema. Le pregunto ¿cuál es el problema según tú?

Me dice, "el problema soy yo".

Le digo, qué bien que te distes cuenta. Y ahora me dice, lo voy a solucionarlo a mi manera. De acuerdo le digo, hace cualquier cosa, pero con tal que sea buena; no más no cometas una tontería.

El siguió llorando, lloraba y lloraba ¿pero qué pasa? Me decía yo por dentro porque hasta ahora no entendía lo que estaba pasando. Bueno, como las 8:00 de la noche más a menos le dije, mira brother ya veo que es tarde, ya tengo que irme mi familia me espera.

Y inmediatamente me pongo de pie y él también se pone de pie y me dice, "¿tan rápido, tan corta fue la terapia hoy?"

Yo cuando oí eso me dije, este hombre necesita más tiempo.

Le dije, bueno, está bien; me quedo contigo un poco más. Y nos sentamos de regreso, le digo pues habla pues. No había palabras. El me miraba y yo lo miraba. Éramos como dos enamorados, que no habían palabras para compartir, solo quería estar ahí.

Yo le decía, ¿entonces qué?

Y él se dirigía a mí y me decía ¿"entonces qué"? ¡Que de qué de que! le decía yo.

Bueno, no hay nada que hacer le decía yo.

Él me decía "nada más".

Bueno, así sucesivamente nos decíamos y nadie tenía palabras. Ahí me quedé una hora más, él se calmó, ya cuando estaba calmado se me quede viéndolo a los ojos y yo lo miraba bien confundido.

Entonces le dirigí la palabra y le dije, Mira, ¿no me digas que no hay salida de tus problemas, no me digas que la única salida es ponerte una soga al cuello y ahorcarte?

"No no no".

Me dice.

"Claro que no. yo prefiero tirarme enfrente de un carro y que me mate".

Cuando él me dijo eso, yo lo miré directamente a los ojos y le dije, mira no estés bromeando porque tus palabras son semillas que luego tendrás que cosechar.

Le digo, no vayas a cometer esa tontería, más bien dicho, no digas tonterías. Pero cuando lo veía me di cuenta que él estaba convencido de lo que me estaba diciendo. Le digo seriamente porque lo vi serio. Le dirijo la palabra siguiente, mira, no creo que lo hagas, yo lo tomare como una broma.

"Si, si, si"

Me dice:

"Es una broma".

Pero igual, le digo; quiero decirte que lo que siembras cosechas todo lo que tiras a la tierra con tal que sea semilla la mayoría nace, crese, y da su fruto.

Después de todo eso se levantó y me dijo, "yo creo que ya es hora de irnos ya es tarde"

De acuerdo; le digo vámonos y nos despedimos.

Volviendo un poco a lo que pasó esa noche, yo creo que el encontró un ángel con quien contar y poder sacar todas sus cosas, bueno en pocas palabras; encontró a alguien con quien confesarse.

Día domingo:

Estamos en este día maravilloso que marcaría la historia de mi familia, especialmente la mía. La noche anterior fue otra plática más, otro momento que yo compartí con mi amigo, pero nada más. Pero este día domingo 10 de febrero como a las 8:24 de la mañana; yo le mande un mensaje diciéndole

¿Qué tal como estas que haces?

"Aquí".

Me dice; "salí a buscar trabajo pero está muy frio".

Ok, le digo.

Ya como las 9:00 De la mañana dije yo entre en mí; le voy a llamar a este brother a ver qué está haciendo. Cuando le llamo le digo, ¿que hubo carnal come esta ese ambiente por ahí?

Me dice, "en este frio intenso estoy caminando".

(Bueno sí estaba frio de echo) me sigue diciendo, "salí a buscar trabajo en la mañana y como estaba muy frio me regrese a la casa". Me dice.

Ya veo le digo. Y ¿qué haces ahorita?

"Bueno ¿porque me preguntas"?

No más pregunto le digo.

"ok" me dice "por aquí caminando buscando un café".

A ver le digo, ¿estás buscando un café o estás buscando a alguien que te compre el café?

Me dice; bueno ¿cómo sabes eso?

Le digo, nomás digo.

"bueno de hecho sí" me dice.

Le digo, yo te lo compraría pero estoy lejos. (Estaba más o menos como a 1 hora de distancia) ya tú sabes le digo aquí estamos para echarnos la mano, aquí estamos para ayudar cuando se pueda mi amigo.

"De acuerdo me dice"

¿Qué te parece si hablamos más tarde? le digo; claro pero si necesitas algo no dudes en llamarme

"de acuerda" me dice.

Bueno, como siempre ninguna señal, el por su lado y yo por el mío: Como a las 2:00 o las 3:00 de la tarde de ese sábado recibí una llamada (yo estaba en mi trabajo) Y cuando yo escuché al otro lado del teléfono la voz de un hombre que me dice "Hola" me dice, ¿puedo hablar con radio? me dice, Mmm le digo señor yo creo que usted está equivocado. Él me dice, tú conoces a {¿Alberto Sánchez?} Le digo, sí, sí claro.

(Bueno, me di cuenta que radio me tenía en su teléfono en vez de mi nombre). ¿Y quién eres? le digo, "Mi nombre es Joan el detective Joan". De acuerdo, ¿detective dígame que pasa? Él en ese momento empieza a hacerme preguntas; muchas preguntas. Bueno, no lo menciono aquí porque ya la mayoría lo mencioné: pero ya después de tantas preguntas le digo, ¿sería tan amable de decirme qué le pasó a mi amigo? El hombre seguía haciéndome preguntas y no me decía. yo pues estaba afuera sin abrigo y estaba como {15F bajo 0} ¿Bueno, dígame que paso? me dice, "mira lo sentimos tu amigo está muerto" quisiera hacer un silencio aquí en memoria de mi amigo...
....

Cuando yo escuché eso, luego pensé, no; esto es una broma, tiene que ser una broma. Le digo, no puede ser ¡dime que estás bromeando! Él me dirijo la palabra y me dice, no es broma él está muerto. ¿Y cómo fue? Bueno me dice, él se tiró de un puente y debajo del puente pasan carros, calló a donde pasan autos y ya tu sabes lo demás es historia. Mi amigo tenía 24 años de edad y un amigo que como vez mas o menos lo has leído, que la pasamos bien los últimos días, un amigo que la última noche de su vida la pasé con el escuchándole y compartiendo, yo hablé con él por ultima ves. Cuando hablo la última vez, la última llamada que hizo fue a mí. Después de eso me acorde de lo que estábamos hablando la última noche. Ah mi punto de vista el cosechó lo que sembró porque todo lo que se siembra se cosecha.

Resumen:

En resumen, finalizando con esta triste historia, usted se preguntara, ¿porque me cuentas esta historia, si tiene un final triste? Bueno, la verdad para ti es una historia triste pero la realidad es otra, a él le llegó su momento y tenía que conocerme a mí para que el pudiera descansar. A veces tú quieres salvarle la vida a otra persona, pero a veces no se puede; pero lo que si puedes hacer es apartar tiempo a esa persona que tú sabes necesita tu ayuda. Después de todo esto yo en lo personal pienso que él me necesitaba para poder irse en paz, poder irse tranquilo y poder descansar en paz. Tú nunca sabes cuándo va a ser la última vez y con quien va ser la última vez, por eso hagas lo que hagas trata de dar el corazón y sobre todo amar. Para concluir este capítulo hazte las siguientes preguntas:

1) ¿Estoy juzgando a mi próximo, de qué manera lo estoy haciendo, de la manera de Dios? o la manera de los hombres.
2) ¿Me están juzgando de la manera apropiada? o solo para complacerse a ellos.

3) ¿Veo a los demás como los ve Dios? o como los ven los hombres
4) Y si estoy juzgando a los demás ¿porque lo hago?
5) ¿Me acepto tal como soy? Y acepto a los demás tal como ellos son y si no, ¿porque no?
6) ¿Cuál es mi tradición me está trayendo cambios en mi vida? Y sino ¿porque no me deshago de ello?
7) ¿Hay algo que me lo impide? ¿Y qué es lo que me lo impide y porque?
8) ¿Tengo la necesitad de juzgar a mi próximo? Y si no ¿porque lo hago?.

Siéntete orgulloso de cada cicatriz en tu corazón, porque cada una tiene una lección de vida. Los pensamientos positivos no son suficientes tienen que haber sentimientos positivos y acciones positivas. Tus palabras dicen lo que pretendes ser, más tus acciones dicen lo que realmente eres. Por favor amigo no juzgues, ¿quién eres tú para juzgar y apuntar con el dedo a tus hermanos Y A la persona que juzga? literalmente le estás diciendo al mundo que ella quiere ser juzgada por los demás, porque lo único que estás haciendo es buscando la aprobación de los demás. Mí querido(a) lector. Por lo que más quieras en la vida no juzgues a los demás.

Cuentan que una vez, en una colonia de un pequeño pueblo llegó una pobre viuda con tres hijos; pero desde cuando llegó a ese lugar, o más bien dicho a esa colonia ella no salía a la calle. Los vecinos la empezaron a juzgar diciéndole que era una mujer haragana, que solo se la pasaba durmiendo que a veces sus propios hijos los sacaba de su casa porque parecía que ella llevaba una vida ilícita. Porque todos los días recibía la visita de tres hombres y según los vecinos ella llevaba una vida ilícita, o prostitución.

Que cuantas ves llegaban estos tres hombres ella tenía que sacar a sus hijos de su casa para que fueran a comer a las casas vecinas, para no vieran el tipo de vida que ella llevaba. Pero un día la viuda se enfermó y tuvieron que llevarla de emergencia al hospital y en ese momento sale la verdad a la luz, se dieron cuenta que ella tenía una enfermedad incurable y los tres hombres que llegaban todos los días, eran su abogado, su médica y su hermano. Cuando le atacaba el dolor, ella sacaba a sus hijos para que no la miren sufrido. Mi amigo quien te crees que eres para estar juzgando a los demás.

Hay personas que tienen un gran conocimiento pero sus actos solo dicen basura, se creen más que los demás y ellos lo único que tienen es una vida podrida, su vida apesta a pudrición y el olor que sueltan esas vidas es putrefacta y sin sentido.

8

La familia diferente para el mundo de hoy.

Ahora quiero dirigirte otro mensaje, pero hoy lo haré de una manera extraordinario, ¿oh me estás diciendo que todo lo que me has dicho no ha sido extraordinario? claro que si lo ha sido; pero ahora va a ser diferente, a la luz de las sagradas escrituras y a la luz de la ciencia y a la luz de la sicología, psicología. También tocare un poco el tema de la astrología y la astronomía. nos daremos cuenta que por mucho tiempo venimos actuando como actuamos, porque. Así realmente nos han transformado, así nos han creado. Venimos pensando pobremente, a nivel, espiritual, mental, sentimental, familiar, economía, a nivel alma técnicamente, a nivel pareja, matrimonio, a nivel científicamente a nivel religión, etc. venimos pensando pobremente ¿Porque? ¿Quién tiene la culpa? ¿Tal vez nuestros padres? ¿Tal vez nuestras familias? ¿Tal vez nuestra cultura? O, no. ¿Tal vez nuestra sociedad? Bueno, en cierto punto si tienes razón, por una parte ellos tienen la culpa, pero por otra parte no.

¿Por qué? Porque cuando tú tuviste cierta edad; estoy hablando edad fisiológica no biológica, porque la edad fisiológica se nota se ve. Mientras los años transcurrían tú fuiste creciendo ¿no? ¿Apoco te quedaste niño para siempre? No. ¿Verdad? conforme los años transcurrían tú fuiste creciendo; de hecho estas creciendo. Pero lo que digo es que, tu creciste Cuando tenías cierta edad tus padres tenía el 100%, el control sobre ti.

Ellos respondían por todo lo que te ocurría y de lo que no te ocurría, para que te ocurriera y para que no te ocurriera. Ellos estaban completamente, a los 100% comprometidos contigo y con tu futuro. De cierta edad a cierta edad ellos tenían la culpa, o más bien dicho, el control de tu vida, si de tu vida. Toda tu vida te trasmitían positivos y negativos pensamientos, tú estabas en la etapa del aprendizaje. A si como una esponja seca, la votas en un poco de agua ¿qué pasa con la esponja? En verdad, la esponja se empapa de agua y cuando la sacas esa esponja está completamente llena de agua; cuando la agarras con la mano y la es tripas ¿qué pasa? Ya no es la esponja ceca que recién aventaste al agua calo, por supuesto que ahora, si tedas cuenta cuando la tocas está completamente llena de agua.

Así eras tú y yo absorbiendo todo lo bueno, lo malo, lo positivo, lo negativo, la actitud de tus padres, y todo tu entorno colaboraba contigo, con tu crecimiento fisiológico y biológico. Bueno, como la ley de la siembra y la cosecha, tú; físicamente ibas creciendo es decir, estas llegando en un punto que ya no vas a crecer, físicamente ablando ¿Pero eso es todo ahí dejaré de crecer? claro que no. ahora depende de ti. Si tú ves, y te pones a observar a todo mundo, o a las familias ¿que ves? Buenos tratos, malos tratos, buena conducta mala conducta, etc.

Pero qué pasa ¿tú crees que los hijos de esas familias no van a crecer o será que van a crecer, solo aquellos que reciben buenos tratos van a crecer y los que reciben malos tratos no van a crecer? ooh claro que sí, fisiológicamente ablando si por supuesto que van a crecer, ¿pero que sigue? bueno lo que sigue es que, debo de preguntarme, o debes de preguntarte, ¿qué pasa con esas familias, que tienen malos tratos? Lo que sucede es, una de estas dos cosas.

Biología:

Numero 1:

Es que los niños de las familias con malos tratos puede ser que crezcan físicamente pero no biológicamente, por ejemplo: Crecen pero mentalmente son unos niños que no razonan, andan por la vida completamente diferentes; Parece que no pueden identificar lo malo de lo bueno, porque a lo malo le llaman bueno y lo bueno le llaman malo. cuando hablo de lo malo aquí no estoy hablando del pecado, o el diablo etc.

Cuando hablo aquí de lo malo me refiero de lo que enferma tu mente tu cuerpo tu yo profundo, de lo que realmente mancha tu ser superior, o tu subconsciente. Cuando hablo de lo malo me refiero a tus hábitos, a tu conducta, a los vicios que te mueven para seguir en la vida, porque no eres capaz de moverte sin ellos, tienes que tener una fuerza exterior o una droga exterior para que tú saltes de la cama. Bueno, dices tú, ¿de qué estás hablando? yo te estoy hablando del cigarrillo, del alcohol, de la mariguana etc. Me dices tú pero yo gracias a Dios no tengo ni uno de esos vicios yo soy sano. ooh sí. No me digas. Déjame te digo, déjame ver si es verdad que no tienes ningún vicio, por ejemplo: El café, la Coca-Cola, la verdad que con un cafecito se lee mejor, claro eso también es un vicio. Bueno si no quieres llamarle vicio llamémosle hábito, que al final eso también enferma.

Y cuando también hablo de lo malo es de las palabra incorrectas, deshonestas tan negativas que usas; pues esas palabras que te diriges a ti, o incluso se las diriges a los demás. Eso mata, es como que si le dieras un tiro, incluso si se los dices en silencio ¿Porque? Porque nosotros nos movemos en un mismo espíritu eso se llama, tú ser infinito: Ese es ser; como vas a leer más adelante, o ya lo has leído, que ese ser infinito, que el fuego no puede quemar, el agua no puede mojar. Ese ser infinito, que las guerras no pueden derribar. Por eso te digo que tus palabras audibles, o verbales tienen la misma potencia, o mucho peor que tuvieras un arma y le anduvieras disparando a cualquiera.

Es tan peligroso que ni te imaginas. Así como si lo hicieras positivamente en silencio, o verbalmente a la persona por ejemplo: Amor, comprensión, mansedumbre, paz, entrega belleza etc. eso vas a tener de regreso, tarde o temprano. Hazlo y solo espéralo, es como cuando lo haces al revés siembras injusticia, odio, frustración, enojo, envidia, lujuria, avaricia, gula, etc. pues espéralo porque tarde o temprano todo eso y mucho más como tipo triplicado, lo obtendrás de regreso. Si no me crees, no me creas, yo no te escribo para que me creas te escribo para que te pongas a prueba tú mismo y que lo experimentes tu personalmente.

Número 2.

Y número dos. A los niños que crecen físicamente hablando. En esas familias con malos tratos. Sucede que en el tiempo que pudieron que estar bajo la tutela de sus padres. Obedecieron. Aprendieron todo de lo que se les estaba siendo transmitido, Y después cuando ellos tuvieron la oportunidad de agarrar su camino, o más bien dicho, agarrar vuelo. Ellos dijeron no, está no es vida, y voy por la mía. Se levantan sin importar la edad que ellos tengan. Se levantan y dicen no, yo no. me quedare aquí, yo voy por mi millón. Vamos yo soy valiente (a) Se levantan con una actitud, que nadie los detiene nadie los para. Ellos dicen, a mí me apaliaron cuando estaba bajo una tutela pero, hoy me pongo de pie agradezco la enseñanza que recibí. Y voy por mi galardón, Voy por mi familia diferente, Por mi vida diferente, por mi camino diferente, por mi casa diferente, por mi país diferente, voy por mi empresa diferente, ¿Por qué? Porque todo lo que veo es diferente.

Desde hoy en adelante me quito estos lentes obscuros que tengo de la vida, estos lentes que me han puesto, eran los mejores que mis padres tenían, para mí; Pero hoy yo los derribo y me levanto y me pongo otros más claros, mas diferentes, todo lo que toco se transforma, en bendición etc. por el camino que camino es diferente porque cada paso que doy, hasta el gobierno de mi país, los escucha, porque son pasos diferentes, porque no tomo los caminos ya trajinados, hago mis propios caminos. Lo que yo hago es hacer mi propio camino, mi propia brecha, mi propia vida porque al final de todo, yo soy diferente, yo soy el actor de la película es decir, de mi vida.

Voy a compartir contigo esta historia y veras que al final de todo será un águila.

El águila y los patos:

Era sea una vez un campesino que mientras caminaba por el bosque, encontró a una águila mal herida. Se la llevo a su casa, la curó y la puso en su corral, donde pronto aprendió a comer la misma comida que los patos y a comportarse como estos. Un día un agricultor que pasaba por ahí le preguntó al campesino: "¿Porque esta águila el Rey de todas las aves y pájaros, permanece encerrada en el corral con los potos?" El campesino contesto; "Me la encontré mal herida en el bosque. Y como le he dado la misma comida que a los patos y le he enseñado hacer como un pato; no ha aprendido a volar. Se comporta como los patos y por tanto ya no es un águila". El agricultor dijo. "El tuyo me parece un gesto muy hermoso, haberla recogido y curarla. Además le has dado la oportunidad de una segunda vida, le has proporcionado la compañía y el calor de los patos de tu corral. Sin embargo tiene corazón de águila y con toda seguridad, se le puede enseñar a volar. ¿Qué te parece si la ponemos en situación de vuelo?" "No entiendo lo que me dices. Si hubiera decidido volar, ya lo hubiese hecho. Yo no se lo he impedido". "Es verdad, como tu muy bien decías antes, como le enseñaste a comportarse como los patos. Por eso no está en lo celeste. "¿Y sí le enseñamos a volar como las águilas?" "¿Por qué eres necio? Mira, se comporta como los patos y ya no es un águila. Qué le vamos hacer, hay cosas que ya no tienen solución". "Es verdad que en estos últimos días se está comportando como los patos. Pero tengo la impresión de que te fijas tanto en sus dificultades para vivir en lo alto. Qué te parece si nos fijamos ahora en sus instintos del águila y en sus posibilidades" "Tengo dudas, porque ¿qué es lo que cambia si en lugar de enfocarnos en las dificultades, pensamos mejor en las posibilidades que tiene el águila?" Me parece una buena idea eso que me planteas. Si pensamos en su debilidad es más probable que nos conformemos con su forma de comportarse". "Pero ¿No crees que sí pensamos en las posibilidades de volar esto nos invita a darle una segunda oportunidad y a probar si esas posibilidades se hacen efectivas? "Es posible o no." "¿Qué te parece si lo intentamos?"

"Vamos intentémoslo": Animado, el agricultor al día siguiente sacó el águila del corral, la agarro suavemente en sus manos. Y se dirigió a una loma cercana. Le dirigió la palabra y le dijo. "Tú perteneces a lo alto, no a la tierra, extiende tus alas y vuela muy alto yo sé que tú puedes hacerlo". Cuando el águila escucha estas palabras se anima el águila para volar. Estaba confundida y al ver desde la montaña a los patos comiendo, se fue dando saltos hacia donde ellos estaban. Creyó que ya no tenía la capacidad de volar y no tuvo el valor necesario para volar. Sin desanimarse el día siguiente: El agricultor llevó al águila al techo de una de las casas y le hablo diciendo, "eres un águila. Abre tus alas y vuela a los lugares celestes, yo sé que puedes hacerlo". El águila se asustó de nuevo de ella misma y de todo lo que ella miraba.

Nunca se había dado cuenta de lo que ahora miraba desde la altura. Muy de madrugada, al otro día; el agricultor, llevó al águila al techo de otra de las casas y le hablo diciendo. "Eres un águila, abre tus alas y vuela" el águila miro directamente los ojos del agricultor. Este impresionado por la mirada de la águila le dijo en susurro suavemente. "No me impresiona que tengas miedo hermosa águila. Es natural que lo tengas. Pero ya verás cómo se siente estar arriba. Podrás volar lugares enormes, Jugar con tus compañeros y conocer otros amigos de águila. Estos días que estabas intentando volar, pudiste darte cuenta que tus alas son fuertes". La águila miró nuevamente a su alrededor, miro nuevamente hacia donde estaban los patos, y miro hacia donde le pertenecía en el cielo. Entonces el agricultor la levantó hacia el aire y la acaricio sus hermosas plumas. El águila abrió las alas suavemente y lo que el agricultor, y el campesino esperaban, con un silbido triunfante, voló dirigiéndose a lo alto donde debería de estar.

Había recuperado por fin sus posibilidades de volar. Ahora pongamos esta historia en lo que estamos hablando.

Estas águilas. O más bien dicho, estas personas. Vienen del cielo, de un lugar que pueden volar, y caen a esta tierra como la selva. Se hieren se lastiman, o se quiebran algún pie, o el peor de los casos, se fracturan los dos pies. Y tiene que recogerlos los granjeros, los que cuidan los patos, los granjeros son aquellos, el mundo, la familia, la sociedad, los padres etc. Todo eso lo que hace es cambiarte la mente, y te cambian todo tu entorno. Pero las águilas, lo que hacen después de todo es levantarse y echar para adelante, a pesar de los en contra. Y estas personas, son las que llegan muy lejos.

Y un día se dan cuenta que donde ellos estaban avía de alguna manera un gallinero, se dieron cuenta que, ellos tenían garras, y los patos no. Se dieron cuenta que, ellos tenían grandes picos, y que los patos no. Y también se dieron cuenta que ellos tenían, grandes alas y los patos no. Y también se dieron cuenta que ellas habían nacido para estar en otra tierra, y no aquí abajo. "Fue fácil para ellos" Claro que no ellos tuvieron que hacer lo que dice:

Vuela a la par de las águilas, sino puedes volar a la par de las águilas entonces vuela con los pájaros. Si no puedes volar con los pájaros, entonces corre. Si no puedes correr al menos camina, sino puedes caminar, gatea. Pero agás lo que agás no te quedes donde estas sigue moviéndote para adelante. "Ventura C García"

Pero cualquier cosa que hagas, sigue moviéndote para adelante. Ellos hicieron muchos cambios, y van a seguir haciendo el cambio en su vida. Y al final sueltan sus alas y se echan a volar.

> Ya vimos las familias disfuncionales.
> Ahora veamos las familias funcionales.

FAMILIAS FUNCIONALES.

¿Bueno cuáles son las familias funcionales? Las familias funcionales son aquellas, que dices tú, Wow esa familia si esta bendecida tienen de todo, a esa familia no les hace falta nada, completamente nada. Ellos si están completamente bien cómodos. Pero la mayoría de veces nos confundimos porque aparentemente lo tienen todo. Pero realmente viendo lo bien, esta familia está más fregada, que las familias que aparentan estar fregadas. Porque realmente esta familia tienen todo tienen un hogar, esplendido, unos padres excepcionales; buenos modales, buenos principios, buenas tradiciones, buenas costumbres. Con principios con buenos hogares, autos, con todos los video juegos del momento etc. pero lo que pasa con estos hijos de las familias tan sobresalientes, ¿será que todos salen triunfadores como sus padres?

Bueno, esa es una buena pregunta, puede pasar una de estas 2 cosas. Número uno, los niños o niñas Cuando crecen, algunas crecen muy seguras tan seguros que les afecta en su vida. Al afectarles en su vida empiezan a perder la cabeza. Por ejemplo, Cuando estaban con sus familias todo les caía del cielo, porque solo decían dame, y ahí venia Santa Claus a cumplirles sus deseos. Si no les enseñan el valor de la vida, y el valor de los cosas.

Ahora que están grandes, ¿qué pasa? Cuando se dan cuenta que aquí no son los bebes, o las nenas. Ahora sí que la vida tiene que cambiar. La vida empieza a tornarse muy dura, ya ahora si tienen que trabajar y cuando no hay, o no tienen lo que antes se les hacía fácil conseguir se frustran. Los niños ricos ¿a dónde están? ahora se están desesperando, ahora dicen dame y nada viene como por arte de magia; Santa Claus ya no aparece. Y cuando ven que las cosas no salen igual, o nada parecido como antes se ponen a robar, o a asaltar, bancos, etc. o sino hacen una de estas dos cosas:

- Número uno. Como dije antes; roban, matan, la vida no tiene sentido. Ahora se meten a las pandillas etc.
- Número dos. Se dejan dominar por su gigante y les entra la depresión. todo el tiempo están enfermos, todo el tiempo se quejan, ahora ya no reina la comodidad, ni la paz, ni el amor, ya no reina toda la fortuna; ahora lo que reina es la depresión.

Para poder salir de este tipo de depresión; tu si eres alguno de los que estamos ablando. Te recomienda esta palabra. La palabra que escucharas a continuación es una palabra que a mí me cambio la vida. Mt 6:34. No se preocupen por el día de mañana. Pues el mañana se preocupará por sí mismo. A cada día le faltan sus problemas.

Primeramente ¿qué significa preocupación? Bueno, la palabra preocupación según el diccionario de la real academia española. Dice, preocupar significa ocuparse antes o anticipadamente algo pre-ocupar. Pre-de precaución. Y - ocupar, de ocuparse. Para calmarse, antes de dormir le recomiendo hacer unos 5 minutos de ejercicio. Cierre sus ojos y haga preguntas. Pero sin la intención de recibir la respuesta en ese momento. Deje que la pregunta fluya en su interior. Hágase preguntas como, ¿qué pasa, porque me siento así? y si sabe porque se siente así. Entonces diga, lo tuve que haber hecho porque mi familia esta tan afectada ¿Porque...? ¿Paraqué....? ¿Cómo....? ¿Para donde.....? ¿Para cuándo....? ¿Cuándo? etc. Y vera que obtendrá las respuestas cuando las necesite.

Y número dos. puede ser que los hijos de las familias funcionales. Se levanten y sean un ejemplo y son comprometidos con todos los valores, que aprendieron con la familia, ellos nacen águilas, crecen águilas, y mueren águila.

9

Lo Que Dices Recibes. Tus Palabras están Cargadas de dinamita.

Bueno lo que he venido diciendo a lo largo de este libro, porque claro, a eso me refiere a darte a conocer el poder de tus palabras. Ahora voy a tocar un tema personal. Bueno, voy a compartir una vivencia. Pero voy a citar la biblia. Le quiero recordar es que la biblia no es un libro religioso; algunas personas cuando escuchan la palabra biblia, ya les salta en su mente la palabra, va a hablar de religión. Bueno, ¿sabes tú que significa religión? Bueno, tal vez me vas a decir, son el montón de sextas que hay en el mundo eso es religión.

Bueno, déjame te digo que realmente no lo es. En el diccionario de la real academia español dice que es un conjunto de dogmas acerca de la divinidad, de sentimientos de veneración y temor hacia ella, de normas morales para la conducta individual y social y de prácticas sociales. También el diccionario dice, virtud que mueve a dar a Dios el culto, debido. En pocas palabras religión = relación. Y usted póngale lo demás: bueno la biblia es el libro que supera todos los libros del mundo, es un libro de mayor motivación que yo haya conocido. En la biblia se encuentra la palabra no temas 366 veces. Así que, ¿qué significa? Motívate a través de estas palabras.

En el libro de Job capitulo: 15-6 dice. Tu propia boca te condena, no yo, tus propios labios te acusan. La biblia dice que es tu boca la que te condena. Porque la vida depende de tu boca y de tu lengua, pero si tus labios no quieren no se abrirán para decir esa palabra.

Hace unos años le dije a mi esposa, mira cariño yo creo que tenemos que abrir una cuenta de ahorros, para cuando venga el frio, cuando no tengamos trabajo vamos a tener nuestro dinero en una cuenta de ahorros. Ella me dice "claro yo creo que esa es una buena idea", vamos pues abramos la cuenta. Y claro como era de suponer abrimos la cuenta enseguida. Pasó todo ese año y cuando el mes de diciembre se aproximó, claro que era el mes frio en los estados unidos. Bueno, en ese mes por supuesto ya se nos había olvidado lo que aviamos hablado ese inicio de año. Claro teníamos un auto que se nos dañó y lo llevé al mecánico, me dijeron "mira déjalo aquí lo vamos a chequear y luego te vamos a llamar para darte la cotización" digo, bueno me parece fantástico. Mi esposa y yo nos fuimos a trabajar, como las 11 de la mañana de ese mismo día. Me calló una llamada y me dicen, que me estaban llamando del body shop. Bueno, del donde había dejado mi auto esa mañana. Y me dicen "mire señor García, le queremos informar que le chequeamos su auto. Y que ya le tenemos el precio": Me dicen "le va a costar el arreglado cerca de $2,000" Y yo le digo ¿qué? Estas bromeando, no me diga eso. Le digo adelante brother arregla el auto solo hace lo que tengas que hacer.

Me quedé pensando ¿cómo es posible que en este tiempo tan frio y no tengo ese dinero? Y me quedé pensando, algo debe de estar mal aquí, como es que esto tiene que pasarme hoy tiene que haber un error algo anda mal y lo voy a encontrar, y solucionare el problema. Y luego de un momento de estar pensando me dirijo a mi esposa y le digo, ¿Sabes qué? ¿Sabes qué pasó, para que pasara eso? No. me dice, no lo sé, ¿tú lo sabes? Me dice, le digo si lose, ¿te acuerdas aquel día al inicio de este año que hablamos que íbamos a abrir una cuenta de ahorros, para tener dinero para cuando viniera el frio, para cuando no tuviéramos dinero tendríamos el ahorro? y ella me dice, si me acuerdo, ¿pero qué tiene que ver eso con lo que está pasando? claro le digo, claro que tiene algo que ver y mucho que ver. Nosotros provocamos esto, nosotros quisimos que esto pasara, literalmente tú y yo, pusimos nuestra alarma y la pusimos para que tocara en el momento que nosotros queríamos.

Es como cuando te acuestas la noche anterior y pones la alarma a las 4:00 o a las 5:00 o a las 6:30 am etc. la alarma sonara en el momento preciso. Y así pasó con nosotros. Porque así sitiamos la alarma con nuestras palabras. Ponle atención a las palabras que utilizas. Nosotros dijimos. Ahorremos dinero, para cuando no tengamos. Léelo de nuevo nosotros profetizamos, decretamos y como leíste hace rato la mente consciente, y la mente subconsciente son una sola cosa pero diferente. Cuando dijimos, ¡ahorremos dinero para cuando no tengamos! La mente lo registró como quien dice ok, eso es lo que quieres, bueno, si eso quieres eso tendrás. Y agregamos para el tiempo del frio, para cuando no haiga trabajo tendremos dinero. Y lo vuelve a registrar, con la misma respuesta, Claro mi rey si eso es lo que quieres, allí te va es todo tuyo.

Como te recuerdo que nuestras palabras, en este caso tus palabras, tienen poder, porque en la biblia dice que tus palabras, o tus labios te acusan, porque tú tienes algo especial llamado libre albedrio. Es decir tu voluntad. Porque con tu voluntad y la de Dios hacen una pareja perfecta.

10

Dios y tu = Uno. Tú y Dios = Uno:

¿Porque digo eso? Por mucho tiempo nos han venido hablando de que Dios está cerca de nosotros, o está lejos de nosotros. Nos vienen diciendo que, tenemos que estar, limpios, o puros, o tenemos que ser santos, no ser, ser no ser. Y nos dicen que dependiendo de lo que somos o hacemos así es como Dios nos va amar. Y si estás haciendo algo que ante los ojos de los hombres es prohibido, o ante los ojos de los hombres y mujeres no es correcto entonces, llegan a la conclusión que a Dios no le agradas. Como que si Dios les digiera Miren gente de la tierra, saben que, yo ya estoy viejito. ¿Porque no juzgan ustedes? porque al fin de al cabo yo estoy muy lejos y ustedes están en la tierra. Por consiguiente ustedes son los que mandan.

¿Pero sabes qué? Ahora mi amigo@ no quiero hablar acerca de las religiones; no hablo en contra, ni a favor. Yo tampoco te vengo a predicar o a darte un sermón de arrepentimiento, o algo por el estilo. Lo que trato de hacer es, o mi intención, o mi propicito Es acabar con los mitos. ¿Qué es un mito? Bueno un mito es un cuento o creencia que parece es verdad pero es mentira o incierta, más bien dicho, es una mentira cubierta de verdad, pero al final está muy lejos pero muy lejos de la verdad.

Veamos unos pequeños ejemplos. Por ejemplo, lo que recién acabas de leer que. Hay que estar limpio, para que tu creador te acepte, o que no tienes que cometer pecado para que Dios te quiera, o te dicen tú, y te apuntan con el dedo y te dicen. Si tienes una pareja tienes que estar casado, o si estas casado no puedes divorciarte, o si eres casado no cometer adulterio porque esos se van al infierno, o los homosexuales son del diablo, o del mal. Que las lesbianas también son del mal, o las prostitutas también en el día final son las primeras que se van a quemar; si un papá deja a sus hijos, o los abandona eso no le agrada a Dios. etc. Y podría mencionar muchas cosas más, bueno puedo agregar también que te dicen también, los ricos no entraran al reino de Dios, que el dinero es la fuente de todos los males.

O también te dicen los pobres es el pueblo de Dios, los pobres van derecho para el cielo, los marginados van para el cielo, etc. ¿entonces me estás diciendo que hay que vivir pobre, y marginado para que supuestamente, me salve según tú? Bueno, no. va decir usted. Entonces señor García ¿usted está a favor con todo lo que ha dicho aquí, o lo que ha escrito aquí? No, claro que no. sigue leyendo y veras como tus ojos se te van abriendo poco a poco. Todo lo que mencioné. Es lo que venimos escuchando por mucho tiempo, entonces. Señor García ¿me quieres decir que la gente me está tratando de vender una idea errónea? No, eso no te estoy tratando de decir, es lo que te estoy diciendo. En pocas palabras dicen que hay que pelear por algo sobrenatural. Es como que si alguien no termino bien el trabajo y yo tengo que terminarlo. ¿Si comprendes? Bueno, seguiré explicándote. Pero primero quiero compartir una cita bíblica contigo:

Mateo 6:33. Por lo tanto, busquen primero el reino y la justicia de Dios, y se les darán también todas esas cosas.

¿Porque toco este versículo? Porque cuando se me abrieron los ojos, con este versículo mi vida ya no fue la misma. Mi familia ya no fue la misma. Hubo y hay un gran poder en este versículo que no tienes idea; cuando esta palabra dice busca. Primeramente ¿qué es buscar? Buscar, es primero según mi punto de vista: primero es abrir los ojos. Y después ponerte de pie, y después caminar y después tocar. Pero la pregunta es. ¿Hacia dónde abrir los ojos? ¿Cuándo te pondrás de pie? ¿Hacia dónde caminaras? ¿Y donde, o qué lugar, o hacia donde caminarías para tocar? Bueno, mm te retaría a que tú contestes estas preguntas. Te voy a responder pero como yo lo creo. Y como creo que como debe ser. No te estoy diciendo que lo hagas como yo te lo digo, o como yo lo haga, o como yo creo que debe de ser. Te reto, o más bien dicho, te animo que encuentres tu tus propias respuesta desde lo más profundo de tu ser.

Bueno yo pienso que primero abrir los ojos de mi ser del yo interior, segundo Ponerme de pie y tomar la decisión de hacer el cambó en todos los ámbitos de la palabra, y marcar la diferencia con una luz profunda. Al ponerme de pie yo caminaré a la verdadera vida de las maravillas, a la tierra del Edén. Y por último ir a tocar la puerta que significa ver en mi más adentro y descubrir cuantos lugares hay con puertas, o cuantas puertas hay allí y asegurarme tocar la puerta indicada. Si me dices como hablas te diré cuál es la puerta que debes de abrir. Te insto, no te quedes solo con estas respuestas, o esta palabra. Sigue buscando porque estoy seguro. Que dentro de ti tienes sin fin de preguntas y si hay preguntas, por supuesto que también hay respuestas.

11

El Reino y la Justicia de Dios.

Escuchamos esta palabra muy seguido. Pero la pregunta es ¿tienes idea de lo que significa? o más bien dicho, ¿tengo alguna idea de lo que eso significa? Bueno te voy a decir lo que esta palabra a mí me revela, o el significado que tiene para mí y creo que así debería de ser, si todos entendiéramos lo que te voy a decir a continuación; el mundo fuera diferente o más bien dicha, tú y yo fuéramos diferentes. En esta palabra se te abrirán los ojos de tu ser, de ti. se te abrirán los ojos de una manera inexplicable, que las ventanas de tu mansión se verá una luz, que no cualquiera podrá identificarlo.

Es decir, que tus ojos son las ventanas del alma. Cuando encontramos esta palabra palpada en la biblia; se nos vienen varios interrogantes, Como cuales son el reino de Dios. ¿Quién es el reino de Dios? Cuando me dice que primero, busque, el reino y la justicia de Dios. ¿Apoco me está diciendo que hay algo más haya que yo todavía no sé? Bueno, bienes a los expertos en biblia, bienes a los eminentes a los intelectuales y les haces esta pregunta, dígame por favor cuando esta palabra aparece en la biblia.

¿Qué significan, o cual, o quien es el reino de Dios? Ellos, o la mayoría de ellos, podrían responder más o menos, como esto. O déjame explicarte, veras, el reino es leer la biblia, o el reino es tu prójimo, o el reino es la oración.

O el reino de Dios dirían los católicos, es comulgar, o comer el cuerpo de Cristo, en la misa. U otros te pueden decir, no, no no, el reino significa que cuando tú mueras te vas a encontrar con el reino de Dios, o el reino es aceptar a Jesús como tu único salvador. O algo otros te dirán, mira el reino de Dios no es todo eso, el reino es ser cristiano, o ser bautista, o ser musulmán, o ser judío, etc. etc. etc. Eso es por mencionar unos ejemplos. Entonces, usted pregunta ¿todo eso es el reino? Bueno, déjame te digo; según ellos si ese es. ¿Pero entonces, cual es la verdad? y si eso fuera cierto, ¿porque él dice busca el reino y la justicia y lo demás es añadidura? dice una traducción.

"Entonces Señor García ¿cuál es la verdad de esa palabra?" La verdad es lo siguiente, bueno, va a decir usted, eso es su verdad Señor García. No, no, no esa no es mi verdad eso es la verdad. No. mi verdad. Que hay una gran diferencia. ¿Qué es una verdad? Según el diccionario de la real academia española. La define así, propiedad que tiene una cosa de mantenerse siempre la misma sin mutación alguna. Bueno, en pocas palabras una verdad es la que tú crees como verdad, aunque para otra persona eso no es verdad. Pero para ti si es verdad. Pero en este caso cuando hablamos de la verdad, hablamos que hay una verdad sobre la paz de la tierra bajo el cosmos y el universo.

Bueno, cuando encontramos que dice busca el reino de Dios y su justicia que crees tú, ¿crees que a Dios le agrada más, que tú y yo la pacemos buscando en los templos, iglesias, en la oración, en la biblia, en las religiones o en otras personas, en el cielo, en la tierra etc.? Claro que quieres agradarle. Pues pone mucha atención a lo que vas a leer a continuación. El reflejo del sol es un sol. Es decir, el reflejo de tu creador o tu ser superior, como tú le llames, eso eres tú ni más ni menos tú eres una réplica de Dios de tu creador. ¿Qué es una réplica? Casi parecido, o bien la imagen casi parecida.

Según el diccionario de la real academia española dice imagen, es figura, representación, semejanza, y apariencia de algo. Entonces la gloria, o el reino de Dios están en ti, o más bien dicho, el reino eres tú ni más ni menos. Cuando dice, busca primero el reino y lo de más vendrá por añadidura. Me está diciendo que primero para conseguir todo lo que yo quiero, o ver lo que yo quiero. Primero tengo que conocerme yo. ¿Entonces quién soy yo? La pregunta Creo que ya lo mencioné, pero lo vuelvo a recalcar en este capítulo, un poco más explicado.

Como dije, cuando te paras enfrente del espejo ¿qué es lo que ves? Bueno vas, o puedes responder, miró mi rostro yo me miro allí, yo soy ese, yo miro mis ojos, mi cara, mi cuerpo, mi cabello, incluso miro todo mi ser, miro las libritas de más que tengo. Bueno, me parecen muy buenas respuestas, pero no dejan de ser respuestas clásicas. Y eso lo sabemos. Bueno, ¿hay algo más? ¿Me estás diciendo Señor García, que hay algo más, entonces, yo no soy todo eso? Antes de responder, quiero decirte que eso que acabó de decirte y explicarte es lo que tú necesitas para ocupar un poco de espacio en esta tierra, o lo que tú requieres. Pero tú no eres ese pero ni siquiera tu eres tu nombre, entonces ¿Quién soy? Cuando escuchamos la pregunta. ¿Quién soy? es como que si nos dieran una manada en el pecho sin saber porque, no hay explicación y nos están golpeando.

Así parece cuando escuchamos esta palabra, es probablemente la pregunta más desconcertante, profunda, difícil, emocionante e interesante que nos podemos hacer. Es desconcertante porque a lo largo de todas las respuestas y las definiciones que nos damos de nosotros mismos, siempre terminamos insatisfechos siempre hay algo más, después de cualquier respuesta a que podemos hacernos. Volvemos a un, pero no es realmente así ¿quién soy yo? Parece una pregunta simple, quizás la más simple, sin embargo nos deja desconcertados, y confundidos. Es profundo porque desde que recibimos el don de la consciencia, del sentido del yo. Es el mayor interés para nosotros, desde el origen de pensar en el ser humano. Nos hemos hecho esta pregunta, ¿quién soy? que alguien me diga. Qué puede ser más importante entender mi naturaleza. Nada tiene mayor profundidad que la pregunta de quién es este yo mismo. La consciencia que habita en este cuerpo y que vive en este momento. ¿Quién soy yo? Es la pregunta más complicada porque tiene miles de respuestas y más. Solo hacer la pregunta nos trae inquietud y ansiedad.

Sentimos que es una pregunta relevante pero algo en nosotros rechaza pensarlo y se quiere alegar de la respuesta. Que de todos modos decíamos. Es algo tan simple que incomoda no tener una respuesta preparada clara como el agua, pero cualquier explicación muy rápida nos deja insatisfechos. Cuando nos detenemos a analizar más profundo, nos damos cuenta de que compleja e intriga es la cuestión. Muchas personas se asustan de la pregunta y la dejan de lado porque es una preocupación demasiada abstracta. Para que perder tiempo en ella se puede sostener que es un asunto para filósofos, o que no tiene relevancia en mi vida cotidiana: Pero cómo no puede no ser relevante; si es tan básica y esencial, aunque sea difícil exige atención, tiempo y hasta tenga un algo de aventura al encararla.

Empezar a sernos esta pregunta ¿Quién soy yo? Trae entusiasmo y emoción porque abre un vasto campo de exploración ante nosotros. Quiere decir que es una puerta hacia nuestra vida interior. Cuando preguntarnos seriamente en la intimidad de nuestro ser, con honestidad total y objetiva, con un propósito claro y un objetivo claro y definido, con una meta clara, incluso con un sueño y una visión clara y desnudos frente a nosotros mismos. Empezamos a descubrir mucho sobre quien somos ¿Con que nos identificamos? ¿De dónde venimos? ¿Qué limitaciones nos imponemos? ¿Cómo nos vemos a nosotros mismos? ¿Cuáles son nuestros prejuicios? ¿De dónde venimos?

Es sorprendente: Pero no es solo entusiasmo lo que encontramos en el camino hacia las respuestas de esta pregunta. Hay también fascinación porque se abre un inmenso campo frente a nuestros ojos; El campo de la consciencia interior. Tenemos un conocimiento subliminal de este aspecto de nuestra vida interior pero apenas nos relacionamos con él Y a medida que uno entiende más y más aparece con mayor claridad, que la respuesta no tiene límites y que descubrimos nuevos horizontes de nuestra realidad. Fascinación y maravilla son las únicas palabras que describen este proceso no hay una respuesta clara o simple a la pregunta. Este tremendo asunto de ¿Quién soy yo? Es más bien una herramienta para explorar la vida interior, y no una pregunta. Se puede usar como una ventana (o un microscopio) para mirarnos a nosotros mismos y aprender de la naturaleza de nuestro ser.

Podemos acercarnos la pregunta más o menos de la siguiente forma: Para ahondar un poco más a esta pregunta de ¿Quién soy yo? Voy a poner una cita que va bien al caso. (Éxodo 3:14 Y Dios le contesto, yo soy el que soy y dirás a los Israelitas. "Yo soy me ha enviado a ustedes.") Más adelante te seguiré hablando de quién soy yo pero antes de todo eso, o antes de seguir con el yo volvamos al reino y la justicia: Bueno cuando tú y yo ya conocemos el reino, es decir yo quien soy yo. Cuando yo tengo la total consciencia de lo que es mi naturaleza, entonces entra la justicia, cuando hay reino, hay justicia. Pero donde no se reconoce el reino, entonces tampoco se reconoce la justicia. Y donde no hay justicia, por consiguiente no hay reino, la pregunta ¿Cuál es la justicia?

12

LA JUSTICIA.

Vamos a la justicia ¿qué es justicia? Primero vamos a iniciar con entender que es justicia. Porque yo te puedo hablar todo un capítulo de la justicia, Pero sino la comprendemos no sirve de nada es como hablarte del amor y no explicarte que significa. Quedamos en lo mismo; ¿qué es amor? primeramente es sentimiento intenso del ser amado que partiendo de su propia insuficiencia necesita y busca el encuentro y unión con los demás y con su propio ser. Según el diccionario de la real academia española. Dice lo siguiente; definición de justicia:

1) Una de las cuatro virtudes cardinales, que inclina a dar a cada uno lo que le corresponde o pertenece.
2) Derecho, razón, equidad.
3) Conjunto de todas las virtudes, por el que es bueno quien las tiene
4) Aquello que debe hacerse según derecho o razón.

Allí lo tenemos muy claro: ¿Entonces qué o en que parte de mi vida yo puedo usar la justicia? muy buena pregunta

¿te acuerdas lo que acabas de leer? ¿Que lo único que hacemos es juzgar? o lo que nos enseñaron de alguna manera. De acuerdo, te pondré un ejemplo. Hace de caso que tienes unas pesas y pones en la pesa, o en un lado de la pesa media libra de maíz y en el otro lado de la pesa otra media libra de maíz. ¿Cuál es el resultado? Exacto lo mismo, o es decir pesan iguales porque ambos lados tienen la misma cantidad.

Parecido funciona el reino y la justicia, donde hay reino descubierto hay justicia, por consiguiente Cuando ya as descubierto el tesoro en ti, entonces ya conoces tu naturaleza. Y cuando hay reino descubierto, valga la repetición entonces, si antes yo solo juzgaba sin justicia hoy ya no, porque ya sé quién yo soy y cuando yo ya sé quién soy, entonces puedo comprender a mi prójimo, y conozco su naturaleza porque todos tenemos un solo creador. Aunque no lo creas eres blanco, moreno, rojo pinto, alto, bajo, flaco, gordo, guapo, feo, eres un modelo, eres fea, etc.

Seas lo que seas tenemos un solo creador. Cuando te comprendes tú, comprendes a los demás con justicia, cuando te amas, amas a los demás con justicia, en vez de juzgarlos, agregas la justicia. Cuando no te aceptas tal como eres, entonces tampoco aceptarás a los demás. Y cuando yo soy justo con los demás aunque no lo sean con migo, sentirán esa vibración de dentro de mí, porque yo sé quién soy. Porque en vez de juzgar ahora lo que hago o empezare a hacer es tratar a los demás como a mí me gustaría ser tratado. Bueno voy a ir un poquito más allá; empezar desde hoy a tratar a los demás como ellos quiere ser tratados. Por ejemplo; cuando ves a un homosexual o lesbiana en vez de decir, yo no me junto con chusmas. Detenerte y antes de tirarle el balde de agua fría ¿pensar porque ellos son así? Y si tienes la oportunidad siéntate con alguno de ellos y platica, pregúntales porque lo hacen. Como es que ellos actúan así. Bueno, tal vez no conoces a nadie así pero tal vez tienes amigos que ellos si conocen a esa comunidad. Y después que hables con ellos, o con algunos de ellos te vas a dar cuenta que ellos son iguales que tu yo. Y veras que la mayoría son más felices que tú.

Algunos abusaron de ellos, algunos otros tuvieron una experiencia que no les hizo pensar otra cosa que convertirse en lo que son ahora. Algunos otros vendrán así de nacimiento etc. igual cuando tú ves a una prostituta y en vez de decir ustedes son desagradables ante los ojos de Dios o tu creador. etc. Vas a verlos (a) como las ve Dios con justicia con amor, porque todas cuentan por igual en el reino.

En una ocasión tuve la oportunidad de hablar con una mujer. Bueno, por ética no diré su país de origen ni su nombre. Y ella me confesó que cuando ella tenía, como 13. o 14 años, el papá la obligo para que se vendiera y que obligadamente tenía que traer dinero a la casa. Después que ellos la vendieron, la obligaron que tuviera que traer dinero a casa y la vendieron como mercancía. Me da pánico de estar hablando de esto pero esta es nuestra realidad. Y claro como era de suponer ella automáticamente siguió, vendiendo su sagrado cuerpo. Pero cuando ella escuchó algunas de mis conferencias, allí le cambió la vida, porque también obviamente ella quería saber quién era y lo consiguió con un poco de ayuda profesional. Si tú conoces a alguien que necesite ayuda, no dudes en brindársela, sino puedes ayudarle busca ayuda; te garantizo que hay ayuda en tu país. Bueno; y así sucesivamente. Podemos mencionar muchos casos más.

Donde hay justicia en vez de decir, hazme la comida, decir, que te parece sí cocinemos juntos hoy. En vez de decirle a mi esposa ya me planchaste la ropa, decir, yo te planchare la ropa en este día. En vez de decir, te voy a presentar la salvación, decir, déjame ayudarte a ver cómo se siente cuando te sientes salvo y sano y libre. En vez de decir, déjame ayudarte a encontrar a Dios, decir, déjame decirte quien tú eres. En vez de decir, déjame decirte quien es Dios para ti, decirte quien eres para Dios. En vez de decir, déjame decirte que puedes hacer, decir déjame decirte que dice Dios que tú puedes hacer. En vez de decir, eres una miseria o un fracaso, decir, eres una obra maestra, el que te hizo si tuvo creatividad. En vez de decir, eres feo, o fea, o eres flaca o gorda, o blanca, o morena, o estas viejo, o vieja, decir, mira una pregunta. Cuando te ves al espejo te has dado cuenta quien eres, solo mírate eres perfecta eres perfecto ante los ojos de Dios.

Éxodo 3:14

¡Dios dijo a Moisés! "Yo soy. Yo soy"

¡Así dirás al pueblo de Israel: Yo soy me ha enviado a ustedes!

¡Hablaremos un poco más profundo de quien soy yo!

Yo soy un cuerpo. Todos tenemos un cuerpo y este aspecto de nuestro ser es el que más obviamente se ve. Nuestro cuerpo tiene unas variedades de características: ciertas fuerzas, ciertas debilidades, necesitamos darnos cuentas de sus diferentes aspectos y mantenerlo sano. Sin embargo también es obvio que somos algo más que nuestro cuerpo porque si se le remueve una parte (por ejemplo, una extremidad) igual seguimos siendo nosotros mismos.

Todavía queda un "yo" yo soy un cuerpo, pero hay algo más espere, yo soy una persona que reacciona emocionalmente. Necesitamos conocer, nuestras respuestas emocionales, nuestros estados de ánimo. Que es lo que los causa. Necesitamos llegar hacer objetivos con nuestras emociones, observar cómo reaccionamos. Yo soy mis emociones, pero espere hay algo más. Yo tengo un ser histórico. Vivimos en un tiempo particular de la historia, el mundo era muy diferente antes y va a cambiar completamente en el futuro. Vivimos en un momento como parte de un continuum histórico. Estamos muy determinados por esta hora de la historia, pero espere hay algo más. Yo soy una cultura. Todos estamos sumergidos en una cultura. Pero hay más, yo soy parte de una nación.

La identidad nacional es una identificación muy fuerte, nos identificamos con la historia, el pueblo, las costumbres. Hay símbolos que nos vinculan a la nación incrementando nuestra conexión emocional: "Soy Americano" "Japonés" "Chino" "Francés" "Chileno" identificaciones fuertes. Pero espera hay algo más.

Yo soy parte de una familia. La familia de la que venimos, la familia que soñamos, la familia que creamos. Recordar que enraizado, esta nuestro nombre en nuestra consciencia y que gran parte de nosotros es. Pero espere hay algo más.

Yo soy el resultado de mi educación. Pero también.

Yo soy el conjunto de mis pensamientos. Pero también.

Yo soy el conjunto de mis defectos. Sea eso pero además.

Yo soy mis rutinas. Todos tenemos una rutina que se hace parte de nosotros. Nuestra conexión habitual con ella nos hace difícil cambiarla es parte de nosotros. Pero espera hay algo más.

Yo soy un obrero. Una persona que hace un trabajo. Esta es una de las identificaciones más fuertes que tenemos. Fácilmente igualamos lo que hacemos. Para ganarnos la vida con lo que somos, pasamos tanto tiempo en nuestros trabajos que nos convertimos en ellos. Yo soy un maestro, un estudiante, un ingeniero, un mecánico, cuando en realidad, yo soy una persona que enseña, que estudia, que práctica ingeniería, que arregla automóviles. A sí que yo soy más que eso.

Yo soy alguien que aspira una vida mejor. Todos los seres humanos anhelamos un mundo mejor, espera hay algo más. Antes de seguir ablando a la respecta pregunta ¿Quién soy yo? Mencionaré la cita bíblica que recién has leído. Dios se le aparece a Moisés en el monte de Dios, es decir el Monte Horeb. Cuando él mientras cuidaba las ovejas de su suegro jetró. Y le dice lo que tú acabas de leer, mira he visto la afección de mi pueblo, su grito a llegado a mí etc. Y te voy a mandar porque voy a liberarlos, y en pocas palabras tú vas hacer el que me vas ayudar en pocas palabras tu eres el escogido para mi obra.

- Pero Moisés muy intrigado por la gran orden que recibe. Él dice pero, espera quien soy yo.
- Y que les diré cuando me pregunten quien te mandó, quien les diré cuál es tu nombre.
- Y el señor les responde lo siguiente cuando te pregunten di les qué.

13

El yo soy te manda Así les dirás que YO SOY.

Te envía: en este momento quiero recordarle que el propósito de este libro es para inspirarte a seguir adelante. No te hablo de religión te hablo de lo que tú eres para la religión. Y si eres creyente te recomiendo que ores antes de leer lo que te voy a transmitir. Porque podría afectar tu teología. O tú inteligencia. Porque lo que veras a continuación es algo fuera de serie. Dios dice yo soy. Bueno muchas veces creo que has escuchado esta palabra en predicas sermones en iglesia etc. Pero tal vez no como lo leerás a continuación. Dios dice yo soy. ¿Qué significa eso? Bueno, eso significa que Dios no es Dios del pasado o Dios del futuro. Si no que es el Dios del presente. El siempre habla del presente. Déjame te digo que para Dios no hay almanaque, él no tiene almanaques ni horarios; Para el solo hay presente.

Para los humanos si claro porque necesitamos el tiempo para vivir, Para Dios no existe el día ni la hora, Para el solo hay luz. Para Dios no hay palabras como pasó, pasará o porque no o qué pasaría si no, o que pasaría si, si, o lo hubiera, o que si más lo ago. No. porque todas estas palabras pertenecen a lo pasado, para Dios solo existe el presente hoy, el habla presente. Hoye por ejemplo. yo soy tu Dios, yo soy tu proveedor, yo soy tu ayudador, yo soy, tu auxilio, yo soy tu protector, yo soy todo para ti. Bueno. si tú y yo somos hechos a imagen y semejanza de él, entonces tenemos la potestad para hablar como él y tenemos la potestad de tener lo que él tiene. Porque todo lo que existe lo hizo con la palabra. Y claro todo lo que tú quieres lo puedes tener con la palabra. ¿Bueno si a Dios le atribuimos las palabras yo soy entonces que tiene que ver con mi vida? Bueno, déjame te digo en esta hora. Que si, tiene mucho que ver y mucho. Cuando tú hablas positivo como ya lo vimos anteriormente. Tus reacciones son positivas. Por ejemplo hoy vamos a utilizar la palabra yo soy y ahora te darás cuenta quien eres.

Por ejemplo cuando yo digo soy un fracasado, la reacción será fracasó. Cuando digo no tengo dinero, por consiguiente la respuesta será miseria. Y si dices bueno, usando la palabra yo soy: Yo soy ese yo soy, presente. Cuando yo digo yo soy, estoy declarando, confirmando, decretando Estoy conscientemente de lo presente. Si hablas de la siguiente manera recibirás como lo declares en lo presente; por ejemplo, yo soy una persona con mala suerte, recibirás mala suerte porque tú recibes lo que das, porque haces tu propia brecha y tú puedes enumera todo lo negativo, que se te ocurra para tu propio crecimiento y los tuyos. Bueno, a continuación vamos a meditar un poco de quien soy. Preparémonos para hacer un viaje profundo en nuestra yo profundo. Te quiero decir lo siguiente antes de entrar en este viaje del yo soy. Cuando repitas cada palabra del yo soy te voy a pedir que saque completamente la idea del yo ego. Mejor dicho, vasa a Repetir el yo pero primero lo que tienes que hacer es desactivar tu ego. ¿Qué es el ego? El ego es el que te dice, yo soy mejor que los demás, yo hago las cosas mejor que los demás, yo hablo mejor que los demás, yo escribo mejor que los demás, yo soy superior de los demás, a mi quien me dice las casas si yo sé más que tú, ¿quién eres tú para darme un concejo? yo te lo debería de dar a ti, etc. etc. etc.

El ego es el que te hace sentir omnipotente sobre los demás. Pero lo que vas hacer es desactivar tu ego y acercarte al creador paraqué tú y el crean el mundo de nuevo. Recuerda el yo creador, no el yo ego. De acuerdo, ahora Calma todo tu ser. Empezando desde la coronilla hasta los pies. Dale la bienvenida a la serenidad, la paz, El sosiego, la tranquilidad. Tranquiliza tus pulmones, tus músculos, tus brazos tu cuerpo completo. Calma, calma, calma, paz, paz, paz, serenidad, serenidad, serenidad, tranquilo, (a) tranquilo, (a) tranquilo, (a).

Respira profundo, respira muy tranquilamente, inhala, exhala, Mantén el aire más o menos 5 segundos, y después lo sacas por 5 segundos, inhala, exhala. Bueno estás listo (a.) Después de lo siguiente tú ya no serás el mismo, puedes leerlo todos los días si es posible, lo puedes hacer en forma de oración: bueno iniciamos. Espero sea de gran ayuda para ti, y después, ayudar a los demás: Me calmo y me aseguro que todas mis células reciban el mensaje que yo les estoy enviando. Hoy le hablaremos a ese yo Profundo. Ese yo que nunca muere, ese yo que las guerras no pueden derribar. Conoceremos a ese yo que el fuego, no puede quemar. Le hablaremos y lo conoceremos a ese yo, que el agua no puede mojar. Hoy conoceremos cual y quién es ese yo que el sol no puede calentar. Ese yo que la noche no tiene espacio. A ese yo que no tiene inicio ni final, a ese yo que nunca nació, y nunca murió.

Yo soy ese que el dinero no puede comprar. Hablaremos de ese yo que no tiene principio, Ese yo que no tiene hogar. Hoy conoceremos a ese yo que tiene el hogar más hermoso, que ni un rey ha llegado a poseer sobre la faz de la tierra. Hoy conoceremos ese yo que no cabe en este planeta. A ese yo que está en todas partes. Hoy conoceremos a ese yo que no está en ningún lugar. Hoy conoceremos a ese yo que no conoce el llanto, el dolor, a ese yo que no conoce la enfermedad. A ese yo que nunca ha conocido el fracaso, mucho menos la derrota, hoy conoceremos a ese yo, que está aquí y que no está, aquí. Hoy conoceremos a ese yo que nunca se mancha. Al final quien soy yo Ponle que estas escuchando una canción y esa canción la estas escuchando obviamente que otra vez de tu radio, bueno más bien dicho estas escuchando una sinfonía. Y tú quieres esa canción, entonces lo que haces agarras la radio y dices me gusta la canción, la voy a sacar de la radio y me la quedare la partes en dos pedazos, tratando de encontrar la sinfonía o la canción allí, ¿Pero sabes qué? Cuando partes la radio te das cuenta que de allí solo salía el sonido y la sinfonía no está allí Porque la transmisora esta en algún, otro lugar del planeta y no de allí.

Parecido con la pregunta. ¿Quién soy yo? Pero a continuación meditaremos al respecto: Asegúrate que cuando digas cada palabra, que te transmito a continuación. Asegúrate que cada palabra cuando la digas penetre todo tu ser, y que seas uno, con la presencia. Profundiza en ti, en tuyo profundo. Te darás cuenta que todo es presente. No te preocupes Repítelo y Repítelo, hasta que tu subconsciente Reciba la orden que le estas enviando y lo haga parte de tu Rutina y te conviertas en lo que dices. Recuerda que se empieza fingiendo y se termina creyendo. Entonces empieza fingiendo y terminaras creyendo.

14

MEDITACIÓN: DEL YO, LO QUE SOY, ¿QUIEN SOY?

- ➢ Yo soy inteligente.
- ➢ Yo soy, Yo soy, yo soy.
- ➢ Yo soy rico.
- ➢ Yo soy más que todo.
- ➢ Yo soy amor.
- ➢ Yo soy más que lo demás.
- ➢ Yo soy comprensible.
- ➢ Yo soy más que los reyes de la tierra.
- ➢ Yo soy agradable.
- ➢ Yo soy saludable hoy.
- ➢ Yo soy perfecto.
- ➢ Yo soy más feliz que nadie.
- ➢ Yo soy feliz.
- ➢ Yo soy amor.
- ➢ Yo soy más que mi empresa.
- ➢ Yo soy medicina.
- ➢ Yo soy más que la tierra que piso.
- ➢ Yo soy inspirador.
- ➢ Yo soy más que las aguas del mar.
- ➢ Yo soy paz.

- ➤ Yo soy más que la nieve.
- ➤ Yo soy la fuerza de los débiles.
- ➤ Yo soy más que la tierra.
- ➤ Yo soy la luz en las tinieblas.
- ➤ Yo soy más que las estrellas.
- ➤ Yo soy responsable.
- ➤ Yo soy más que la atmosfera.
- ➤ Yo soy abundancia.
- ➤ Yo soy más que la naturaleza.
- ➤ Yo soy amable.
- ➤ Yo soy más que los animales.
- ➤ Yo soy fuerte.
- ➤ Yo soy una obra maestra.
- ➤ Yo soy más que el aire.
- ➤ Yo soy buena tierra.
- ➤ Yo soy más que la astrología.
- ➤ Yo soy apreciable.
- ➤ Yo soy más, que la astronomía.
- ➤ Yo soy espíritu
- ➤ Yo soy más que la ciencia.
- ➤ Yo soy una belleza.
- ➤ Yo soy más que la tecnología.
- ➤ Yo soy un tesoro.
- ➤ Yo soy más de lo que dicen.
- ➤ Yo soy un diamante ante mi creador.
- ➤ Yo soy más que mis amigos.
- ➤ Yo soy con Dios uno.
- ➤ Yo soy más que el cielo.
- ➤ Yo soy bendición.
- ➤ Yo soy más que los temblores.
- ➤ Yo soy lo que Dios dice que soy.
- ➤ Yo soy fuente de vida.
- ➤ Yo soy más que las opiniones.

> Yo soy vida.
> Yo soy más que lo que dicen que soy.
> Yo soy más que mi dinero.
> Yo soy fuego.
> Yo soy más que mis posiciones
> Yo soy poderoso.
> Yo soy más mi trabajo.
> Yo soy ilimitado.
> Yo soy más que mi familia.
> Yo soy infinito.
> Yo soy más que el agua.
> Yo soy indestructible.
> Yo soy más que el fuego.
> Yo soy el rey.
> Yo soy más que esta enfermedad.
> Yo soy reina.
> Yo soy más que la noche.
> Yo soy la razón de la vida.
> Yo soy más que el sol.
> Yo soy yo.
> Yo soy más que esta circunstancia.
> Yo soy verdad.
> Yo soy más que este problema.
> Yo soy honesto.
> Yo soy sol.
> Yo soy fiel.
> Yo soy lluvia.
> Yo soy ganador.
> Yo soy tu.
> Yo soy camino.
> Yo soy alumno.
> Yo soy prospero.
> Yo soy lo mejor.

- ➤ Yo soy confidente.
- ➤ Yo soy millonario.
- ➤ Yo soy todo.
- ➤ Yo soy parte del reino.
- ➤ Yo soy la manifestación de la gracia.
- ➤ Yo soy el reino.
- ➤ Yo soy gracia.
- ➤ Yo soy justicia.
- ➤ Yo soy valor.
- ➤ Yo soy servidor.
- ➤ Yo soy santo.
- ➤ Yo soy soñador.
- ➤ Yo soy salvador.
- ➤ Yo soy presente.
- ➤ Yo soy agradable.
- ➤ Yo soy positivo.
- ➤ Yo soy especial.
- ➤ Yo soy la razón de la risa.
- ➤ Yo soy una fortuna.
- ➤ Yo soy risa.
- ➤ Yo soy dador.
- ➤ Yo soy gratitud.
- ➤ Yo soy la verdad.
- ➤ Yo soy misericordioso.
- ➤ Yo soy la diferencia.
- ➤ Yo soy la vos de Dios en la tierra.
- ➤ Yo soy excelente.
- ➤ Yo soy todo el Dios en la tierra.
- ➤ Yo soy el dueño.
- ➤ Yo soy la oportunidad.
- ➤ Yo soy posibilidad.
- ➤ Yo soy la puerta.
- ➤ Yo soy el camino en el mundo.

➢ Yo soy maestro
➢ Yo soy la respuesta de tu oración.
➢ Yo soy profeta.
➢ Yo soy biblia.
➢ Yo soy apóstol.
➢ Yo soy divertido.
➢ Yo soy líder.

Ahora después de haber leído Como te sientes, ¿igual que antes? M m no la creo, sentiste algo que te conmovió, algo extraño. Al final ¿Quién soy yo?

Ya tienes idea: Bueno ahora vamos a hacer algo diferente.

Ejercicio.

Siéntate cada mañana unos 5 minutos, en un lugar tranquilo, confortable, con la espalda ergo ida y las manos cruzadas. Si es posiblemente los ojos cerrados. Respira hondo de tres a cinco veces para serenarte. Repite serenamente en vos. Alta "yo no soy" nombrando cada posible identificación que podamos pensar, por ejemplo "mi cuerpo, mi trabajo, mi familia. Hasta alcanzar todas las definiciones. Entonces permanece en silencio. Con la idea que ni más ni menos eres un misterio. Algo así como desconocido, bienvenido a la verdad. ¿Quién soy yo?

15

Dios y yo formamos un solo cuerpo.

Cuando yo hablo de que yo y Dios uno somos puede ser que a ti mi amigo lector (a) te sorprenda o te choque. No quiere decir que eres un Dios mucho menos eres como Dios. Lo que pretendo es que comprendas y entiendas que Dios te creo para que tú seas uno con él y el uno con su creación. Y cuando Dios te hizo, cuando te vio por primera vez, él dijo Wow ¿qué he hecho? Y saliste tú, si tú dices que eres una miseria o que no sirves para nada, o que los demás pueden hacer las cosas mejor que tú y que tú no mereces estar aquí porque toda lo que te propones te sale mal y que mejor ya no intentas de nuevo; Porque si lo haces temes a que te traicionen de nuevo.

Algunos lo que hacen es hasta quitarse la vida, algunos se resignan y se dan por vencidos, algo otros se refugian en las drogas. Algunos otros se refugian en las redes sociales, solo para aislar el problema o el rechazo etc. Bueno, si tú has estado a punto de hacer semejante cosa, O conoces a alguien que está a punto de hacerlo; lo que tienes que hacer es meditar sobre este mensaje y transmite este mensaje que estoy a punto de transmitirte. Volvamos al inicio; si te sientes que eres un fracasado o fracasada tú crees que. ¿Dios hace fracasados? Cuando dices soy una miseria ¿Crees que Dios hace miserables? Si te sientes que no vales nada.

¿Crees que Dios hace cosas que no valgan nada? Si te sientes o te has sentido que eres una basura ¿Tú crees que Dios hace basura? Pero yo creo que en algún lugar de tu vida o en un momento de tu vida te has sentido así, o conoces a alguien que se sienta así, se sienten que son poca coca. ¿Tú crees que Dios hace caca? Etc. Si alguna vez has leído la biblia, en el antiguo testamento, o te la han leído; en el génesis allí dice que todo lo que izó, fue qué ¿Bueno verdad? Bueno, ve descúbrelo por tu propia cuenta sino me crees, yo sigo siendo honesto contigo que si no me crees lo que te digo, bueno pues sencillo, no me creas, descúbrelo tú por tú propia cuenta y así descubrirás la verdad que ha permanecido dentro de ti por mucho tiempo. Cuando Dios izó todo lo que ves incluso lo que no vez, lo hizo perfecto sin ninguna falla.

Mira si hasta aquí no has involucrado a Dios en todo lo que haces. Bueno, mi concejo para ti es que ya es tiempo que lo involucres ya fue suficiente estar vagando por la vida solitario. ¿Alguna vez te han dicho que todo lo hace Dios y tú no haces nada? ¿Incluso los grandes maestros te dicen que sin Dios tú no eres nada? Pregunta ¿si eso es verdad? ¿Dime si eres tan amable, como poder identificar a la persona que tiene a Dios y quien no lo tiene? ¿Podrías decir que es fácil de identificarla? El hombre o la mujer que tienen a Dios y quienes no lo tiene, sencillo porque el que tiene a Dios está sirviendo en un templo, o es religiosa, o religioso, o monga, o pastor, o sacerdote, o diacono, o líder, de cualquier religión ¿Bueno eso es todo? Ok, entonces según tu ¿esos son los que tienen a Dios? De acuerdo, ahora identifícame los que no tienen a Dios.

Los que no tienen a Dios es fácil de identificarlos, porque esa gente es aquella que es infiel, la persona que no tiene a Dios es aquella persona que comete adulterio y la que está en fornicación; o la prostituta, o los homosexuales o las lesbianas, o las personas que se divorcian, o los millonarios los que no se les caen ni un solo centavo para los pobres etc. De acuerdo ¿Eso es todo? Wow; que puntuación tenemos ¿verdad? eso que recién hemos leído es nada más y nada menos, que según tu punto de vista, según el punto de vista de nuestros líderes. vaya, vaya, vaya, ahora ya salvamos y ya condenamos ¿verdad? ahora pensemos. ¿Qué es lo que piensa Dios de nuestro punto de vista?

Bueno es decir. ¿Me estás diciendo que por fin hay alguien que le lee la mente a nuestro rey supremo? Claro que no, lo que te estoy diciendo es que este es mi punto de vista y creo que tiene que ser así, antes de juzgar deberíamos leer este texto de las sagradas escrituras. Mateo 21:31 Entonces Jesús les dijo en verdad se lo digo en el camino al reino de los cielos los publicanos y las prostitutas andan mejor que ustedes:

Según este versículo de las sagrada escrituras tenemos, o más bien dicho, tengo yo tienes tú que primero ver tu interior porque qué tal si un día cuando muera nuestro cuerpo nos encontremos con aquellos que más juzgábamos; aquellos que según nuestro punto de vista estaban perdidos, o condenados. ¿Bueno que te garantiza a ti que los que están en la iglesia tiene a Dios como su guía? ¿Bueno, y que te garantiza que los que están en lo secular no tienen a Dios o Dios no los ama? Apoco no has leído que Jesús cuando iba caminando por las sinagogas ¿apoco no encontraba a los demonios en las sinagogas? los que salían a su encuentro eran los endemoniados.

Tú y yo no sabemos lo que va a pasar con ellos, quizás a través de sus maldades según tú, se van a salvar. ¿O serás tú una de ellas que están siendo juzgadas? Entonces Señor García: ¿Usted me está diciendo que ustedes están a favor de la maldad? Claro que no. lo dije antes y lo vuelvo a decir, porque lo que tú decidas hoy hacer tú pagaras las consecuencias por ejemplo; te dicen si tú tienes tu pareja tienes que estar casado o casada, si no lo estas no le agradas a Dios, esa es la ley de Dios. o si te dicen, tienes que hablar bien para que Dios este de acuerdo contigo, o tienes que vestirte así, o tienes que estar aquí, o estar halla, o no tienes que maquillarte para que le agrades a Dios, o tienes que tener un corazón puro para que le agrades a Dios, etc. Primero te voy a hacer una pregunta. ¿Hay alguna persona, sobre la faz de la tierra bajo el cosmos y el universo, que tenga el corazón puro y digno del santo? Recuerda que este es otro tema, por favor no saques las palabras fuera de contexto.

Bueno, vas a decir, que yo sepa no hay nadie que tenga el corazón puro porque todos somos humanos y donde hay humanos hay gusano: Entonces si no hay nadie ¿Entonces nadie le agrada a Dios? ¿Entonces, según esta teoría todos estamos fuera de Dios y nadie califica para entrar a la vida eterna? claro que todos le agradamos a Dios él nos ama tal como somos, no por lo que hacemos, o como lo hacemos.

(Un día le dije a Dios ¿porque no haces algo? Y él se inclinó hacia mí y me dijo, ya hice algo te hice a ti y ahora es tiempo que tú hagas algo. Gracias a la obediencia que tuve tienes este libro en tus manos): Bueno, Volvemos al tema ¿Entonces que más piensa Dios de nosotros? Bueno, lo que leerás a continuación te volará la tapa de los sesos, porque esto no lo escucharas de nadie más solamente de muy pocos.

¿Entonces estás de acuerdo, que Dios está de acuerdo con nosotros con todo lo que hacemos y donde quiera que vayamos él está de acuerdo? Claro que sí, una vez hablé con un señor de mi país natal y le digo; de echo vivíamos cerca éramos vecinos, le digo ¿Y adonde esta tu esposa? Bueno, Se dirige hacia mí y me dice "m m mi esposa está en mi país" y luego agrega, "Dios sabe porque nos tiene separados" un momento; le digo claro que no, Dios no tiene nada que ver con lo que tú hiciste, al contrario él no sabe porque tu estas aquí ¿Y me dice porque dices eso? Mira mi amigo, cuando tu creador te creó, el tedio un regalo que se llama voluntad, es decir "libre albedrío" Déjame te digo, que le echamos la carga al que nos creó para satisfacer nuestro ego Por ejemplo: Dios está de acuerdo con aquellos que cometen adulterio, están en fornicación, los hombres que tienen dos o tres mujeres. ¿Me estás diciendo que Dios está de acuerdo con ellos? ¿Con aquella mujer que tiene dos o tres hombres después de su marido me estás diciendo qué Dios está de acuerdo con tal injusticia? claro que no.

Dios es santo, santo, santo, 3 veces santo; ¿entonces, como me puedes explicar esa injusticia? Se te ha olvidado esta palabra Gálatas 6:7 Al final cada uno cosechara lo que siembra, bueno léelo muy bien; dice cada uno cosechara ¿verdad? No dice, Dios cosechara lo que tú siembres. Dice tu cosecharas por ejemplo: En los matrimonios ¿tú crees que tienes que estar casado o solo unidos para agradar a Dios? ¿O que tienes que ir a la iglesia o no tienes que estar en las pandillas para que le agrades a Dios? Antes de seguir, te voy a pedir que te detengas un poco y pienses al respecto; Lee bien el texto que dice cosecharas: esa es la clave. ¿Porque crees que tu Dios pide que las parejas estén casadas? ¿Para qué el este feliz contigo? ¿O será que quiere que estemos casados para ser ejemplos para nuestros hijos, nietos, bisnietos y tataranietos? ¿O será que él quiere que estés fuera o dentro de las pandillas para que le agrades a él? Él nos aconseja cada segundo, cada hora, cada semana, cada mes, cada año, para que sembremos cosas buenas para que yo coseche lo que he sembrado; porque sabes. Porque él te dio tu propia voluntad es decir, libre al albedrío. Él está de acuerdo contigo en este momento con lo que estás haciendo y con quien lo estás haciendo.

¿Porque? Porque el respeta cada movimiento que tú haces, con cualquiera y con quien quieras. Pero el problema es que tu pagaras las consecuencias de tus actos, si no vas a hacer tu lo serán tus hijos o los que más amas; Dios está de acuerdo si estas junto, con tu esposa o te vas a otro país y la dejas a ella. Está de acuerdo contigo si dejas tu marido por otro o si dejas tu mujer por otra, o si entras a la mara de otra, o de otro, o si vas a la iglesia él está de acuerdo contigo. O si eres religioso, o no lo eres, él está de acuerdo contigo, si eres rico, o eres pobre, o eres el presidente de una nación, o eres el terrorista de esa misma nación, él está de acuerda contigo.

Si tienes una mansión o un rasca cielos. O duermes debajo de los puentes el (Dios) está de acuerdo contigo. si eres el salvador de tu nación o si eres la peor pesadilla de esa nación, él está de acuerdo contigo. Si tienes una gran compañía multimillonaria, o si estas en la esquina buscando trabajo para traer dinero para pagar tu teléfono $ 35 y traer el alimento a tu casa. Él está de acuerdo contigo si eres un buen padre o madre, si están unidos con la familia o si toda se ha dividido por alguna razón, todos andan peleados, etc. ¿Porque Dios está de acuerdo? Sencillo, porque eres libre pero lastimosamente tú pagaras todas las consecuencias de tus malvados actos o buenos actos; el único que se condena o se salva eres tú: No me digas que Dios te condena o te salva, no, no, no, el único que tiene la culpa de lo que ves a tu alrededor eres tú.

Echa un vistazo a tu alrededor, ve todo lo bueno que tienes los amigos, la gente, casa dinero. Pero si lo único que ves cuando echas un vistazo es desastre, enemistad, pobreza, desunión, división, problemas, incomprensión, desigualdad etc. Todo eso es gracias a lo que sembraste ayer, mira lo de nuevo y ahí te das cuenta que tipo de semilla sembraste ayer, gracias a tu siembra ahora mira quien está pagando las consecuencias; mira mira, sí te asusta que bueno te recomiendo que de ahora en adelante. Cultiva bien tu tierra asegúrate de sembrar buena semilla para así mañana tengas buena cosecha.

"Vive como si fueras a morir mañana, siembra como si nunca fueras a morir: *Ventura C García:"*

Empieza con lo más mínimo, los pequeños cambios hacen la diferencia, cambia un uno por ciento diario y veras que cuando sierres el año has cambiado, {365} por ciento en todo el año. Entonces si con Dios yo soy uno ¿Me estás diciendo que Dios se mancha con la maldad? Claro que no, nada más recuerda, Dios da la vida, Dios significa y todo lo buena ¿Dónde hay maldad esta Dios? Claro que sí, pero no se mete en tus asuntos, así que vamos si estas tirado levántate es la hora de ponerse de pie y conquistar el mundo, es hora de ponerse de pie y conquistar tus sueños, si se puede; nada hay imposible para ti, las cosas imposibles son las que tú crees que son imposibles, nadie te pone limitaciones, los limitaciones los pones tú; Vamos yo sé que no le estoy ablando a algún cobarde, si tú, que estás leyendo estas líneas eres valiente eres valienta todo depende de ti no de Dios, la vida depende de ti la muerte depende de ti, porque a morir no significa cuando dejas tu cuerpo, si no que.

Mucha gente ya está muerta en vida, la felicidad depende de ti no de los demás, ahora tú escoges la vida o la muerte, te recomiendo la vida, ahora tú tienes la felicidad y la tristeza, en tu camino ¿cuál escoges? Te recomiendo la felicidad; ahora tú tienes la victoria y la derrota en tu camino ¿cuál escoges? Te recomiendo la victoria. Ahora tú tienes el fuego y el paraíso en tu camino ¿cuál escoges? Te recomiendo el paraíso porque uno (a) Hijo (a) del rey tiene que vivir en un paraíso etc. Tu sigue escalando montañas, digo si ya te desanimaste a seguir escalando montañas te animo como tu coach personal a que sigas escalando no te detengas hasta tus últimos días, no preguntes como se hace solo hazlo, porque averiguando como se hace se te ira la vida; solo hazlo no preguntes cuantas montañas tendrás que escalar en tu vida te aseguro que cuando termines de escalar una salera otra montaña y cuando finalices esa salera otra y así sucesivamente.

Solo te digo nunca dejes de escalar, vamos si estas tirado (a) levántate te digo, agarra tu camilla y vamos camina echa tu camilla a la espalda y vamos a conquistar al mundo ¿Estás listo (a)? Para conquistas la mujer de tus sueños, para conquistar el príncipe azul de tus sueños, para conquistar el trabajo de tus sueños, la casa de tus sueños, para conquista la familia de tus sueños. Todo lo que has soñado llegó el momento de conquistarlo te digo si yo pude tú también puedes, ¿Quién dice que no se puede? ¿Qué tengo yo que tú no tengas? ¿O que tienes tu que no tenga yo? Si tú puedes yo también puedo. Somos completamente lo mismo pero diferentes ¿sabes que eres? Te diré que eres, una bomba atómica ¿Sabes que hace una bomba atómica? o más bien dicho ¿para qué es una bomba atómica? Claro, es para destruir lo que hay donde este artefacto está localizado, o hacia donde caerá.

Eso eres tú, eres una bomba atómica lista para ser lanzada pero la pregunta es ¿hacia dónde quieres ser lanzada? A la televisión, al cine, al teatro, al artista, a la diplomacia, a la ciencia, a lo profesional etc. esto por mencionar algunos, te hago la siguiente pregunta ¿Cuál es tu montaña que estabas escalando? ¿Pero porque te desanimaste? Vamos te digo como se dice en inglés. Come on, get up on your feet. Ponte de pie y piensa por un momento hacia dónde quieres ser lanzado (a) Dios te bendiga como siempre lo ha hecho hasta ahora; estoy seguro que te ha bendecido al máximo, pero desde hoy lo hará mejor.

Josué 1:2-3-5-6 Ha muerto mi servidor Moisés; así que llegó para ti la hora de atravesar el rio Jordán y todo el pueblo pasará contigo a la tierra que yo doy a los hijos de Israel yo les doy todos los lugares donde pongan sus pies, como se lo prometió a Moisés mientras vivas nadie te resistirá estaré contigo como estuve con Moisés no te dejaré ni te abandonaré, se valiente y ten ánimo, porque tu entregarás a este pueblo la tierra que juré dar a sus padres; Por eso ten ánimo no temas ni te asustes, porque contigo esta tu Dios, adonde quiera que vayas

Jeremías 1:9-10 Entonces Dios extendió su mano y me toco la boca diciéndome, en este momento pongo mis palabras en tu boca, en este día te encargo los pueblos y las naciones, arrancarás y derribarás, perderás y destruirás, edificarás y plantaras.

16

CONVERSACION CON DIOS.

Cuando lees el libro del antiguo testamento o más conocido como la Torá, te das cuenta que en el principio no había nada. Dice la palabra que todo era confusión. Pero también encontramos que Dios creó los cielos y la tierra. Nos vamos más adelante y leemos que todo lo que él creó era bueno, todo cuanto hizo era Buena. Entonces la pregunta que nos hacemos es ¿de dónde diablos viene toda esta maldad? ¿Tenemos tanta maldad e indiferencias? ¿Apoco Dios no es protagonista de esto? claro que no. La tora lo dice muy claro, todo cuanto el hizo era bueno. Te quiero hacer una pregunta, para profundizar en el tema. ¿Has conocido a alguien que estuviera embarazada, o está embarazada? Tal vez en tu familia o tu esposa, o alguna amiga.

Bueno, si has conocido a alguien, entonces me entenderás de lo que te voy a decir y de lo que vas a leer a continuación. Te has dado cuenta que en el transcurso del embarazo. Nadie cuida de la creatura que sata en el vientre de la madre, excepto la madre. La mama lo está cuidando Claro que no. la mama lo que está haciendo es cuidándose ella, se asegura en comer a tiempo, cuidarse de lo que come.

Los médicos le dicen que tiene que tomar muchos líquidos que cuando tenga algún antojo que se asegure de comérselo a tiempo etc. claro porque si no es así le dicen, que puede perder al bebe. Cuando la creatura está en el vientre de la madre, o en el feto, no se preocupan ni la madre ni el padre; de compararle ropa, leche, comida, de zapatos, oh aretes en el caso de las niñas. Ni se preocupan de pañales, o (pampers como se le llama en inglés) no se preocupan de comprarles juguetes, ni les preocupan buscarles a alguien con quien jugar, ni tampoco se preocupan de quien va a ser la niñera, o la nana como comúnmente le llaman etc.

Los largos nueve meses solo esperan y esperan. Pero los padres no se dan cuenta que esa creatura está oyendo, está escuchando todo lo que ellos hacer o no hacen. Cada movimiento y cada palabra, cada susurro del padre y de la madre. No se dan cuenta que esa creatura que tiene dos semanas, o dos meses, o cinco meses, u ocho meses que se yo cuantos tenga. Pero sobre todas las cosas esa Hermosa creatura, o ese angelito están en las manos de Dios, de su creador. Esta personita está conectada con su fuente que recién la ha enviado a esta tierra. Los pobres padres no tienen conocimiento de esta vida que se está preparando para llegar a este mundo ¿qué mundo? Pues dependiendo que clase de mundo le están preparando sus padres. Puede ser un ambiente saludable, o un ambiente toxico; bueno no lose pero depende de cada familia, de sus tradiciones, creencias, cultura etc. Depende de la consciencia que ellos tengan de la vida del gran amor que un padre tenga hacia sus hijos. Bueno, si no lo tienen los mismos hijos los enseñaran a convertirse en padres.

Esa creatura está conectada a su fuente como lo es, el amor, la alegría, la felicidad, la mansedumbre, la humildad, la serenidad, la misericordia etc. pero desde que ésta creatura llega al vientre de su madre, o de la gestación ya empieza a cambiar. Desde el primer día de la gestación, desde allí su ambiente empieza a cambiar de una manera inexplicable. Empezando con el ambiente de sus padres. Los padres no saben que van a ser padres otra vez, y de una creatura que ellos no serán dueños, ni tienen la autoridad de esclavizarlo. Los padres que esperan a esta creatura no saben que este ser que se está formando allí; es un ser completamente diferente a ellos y a los que existen sobre la faz de la tierra. Hasta ahora tampoco saben que esta creatura viene con un regalo maravilloso, y si los padres no lo descubren el tendrá que hacerlo por su propia cuenta.

Ese regalo o esta virtud se llaman libre albedrío, o voluntad propia. Es más puedo decir y me atrevo a decírtelo que cuando esa creatura estaba con su fuente, que es su creador. Antes que estos dos tortolitos se conocieran. Esa creatura estaba en algún lugar de lo spiritual. Me atrevo a pensar que, antes que esta creatura fuera enviada a estos padres, bueno que muy pronto lo serán.

Dios se inclina a esta creatura y le hace la siguiente pregunta. "Mira hijo (a) es tiempo que vayas a cumplir mi propósito halla en la tierra, es que yo no puedo aparecerme en forma de humano, en ese caso me gustaría que vayas tú en vez de mí. El propósito que yo tengo en la tierra ahora te lo otorgo a ti, en vez de que sea mío, ahora será tuyo. Ahora ve y cumple tu propósito y yo estaré contigo. Pero quiero que sepas que dependerá de ti encontrarlo. Porque te he dado suficiente sabiduría e inteligencia que superara la sabiduría de los hombres que ahora habitan en la tierra. Ahora recibe mi autoridad, mi poder, mi amor, mi astucia, mi ira, mi coraje, mi odio, mi mundo. Ahora mi mundo te lo pongo a tus pies, para que tú hagas lo que quieras y desees con él.

Todo el lugar que pise tu pie será tuyo y donde quieras que tú vayas no estarás solo, siempre estará contigo. Te doy el poder para plantar, para destruir, para construir, para derribar, para matar, nadie te resistirá en la tierra, nadie te podrá detener. Cuando tú te muevas por tus sueños y para el propósito por la cual yo te he enviado. Entonces todo el cielo se detendrá para observar la obra de tus manos, mi ángel mayor se detendrá para dar la orden y gritara diciendo ALTO miren que es lo que está pasando en la tierra, observemos lo que está sucediendo sobre la faz de la tierra bajo el cosmos y el universo; miren que es lo que está ocurriendo.

Y en ese momento todos obedecerán porque tú eres más grande que ellos. Y tú tienes algo que ellos no tienen y tú eres su maestro y su rey y tú eres el que les va a enseñar a ellos, como comportarse. Y el creador sigue hablando con su creación y le pregunta, ¿adónde te gustaría ir? Y claro después de esa te voy a ser barias preguntas más como eres libre. Espera le dice Dios; no te he dicho si eres libre, pero te lo voy a decir. En la tierra te lo van a decir pero vas a estar tan ocupado que ni les vas a poner atención. Ahora si entiendes porque todavía estas con migo y estas cubierto de mi poder, estas en silencio y en paz y todo lo que yo te doy te permite estar como estas. Te quiero decir que te he dado un Regalo que se llama libre albedrio ósea voluntad. Tú tienes voluntad propia y no me preguntes como funciona tú lo descubrirás cuando sea necesario".

17

TU LIBRE ALBEDRIO = VOLUNTAD.

Bueno aquí los padres no saben que el creador está teniendo una charla con su creación. Y Dios sigue hablando con la que muy pronto derribara a esta tierra, con una gran misión. Dios le pregunta ¿"a qué país te gustaría ir"? y la creación responde "a la cultura tal" el creador sigue con las preguntas porque aquí es el quien hace las preguntas. Y la creación es libre para elegir. ¿"Qué idioma te gustaría hablar"? la creación responde el idioma que gustaría hablar. El creador sigue hablando con la creación y le pregunta ¿"qué familia escoges para ir a la tierra"? La familia x. ahora la pregunta final. ¿"Qué padres escoges para que te críen"? La creación responde, los padres x.

Ahora ya cuando el creador sabe todo lo positivo, es decir lo que la creación ha escogido, el país, cultura, idiomas, familia, padres de su agrado. Pues vamos a proseguir. Y él sigue conversando con esta persona digo que muy pronto será una persona. Dios le dice "te quiero recordar algo más, yo sé que ya tú lo sabes pero solo te lo voy a recordar; tú no eres todo lo que vas a tener, o ver etc. es decir, tu eres un ser inexplicable, estoy hablando de tu ser profundo. Tú no eres ni tu cuerpo, ni tu nombre, ni tus posiciones, ni tu sabiduría, o tu familia, etc. incluso cuando te veas en el espejo lo que vas a ver ahí no eres tú, tu eres lo que observa esa cara, es tu yo profundo es lo que observa ese rostro. Tu yo profundo nunca muere, es eterno nunca nació y nunca muere. No te confundas en la tierra cuando veas que alguien deja su cuerpo, la gente va a decir se murió, pero eso no es verdad, lo que sucedió fue que ha abandonado ese mundo eso es todo". Mmm hace el creador, "déjame ver si hay algo más que decirte". "Mmm momento, claro que hay algo más que tienes que saber.

Mira voy a ser muy claro contigo como siempre lo he sido. Quiero darte otro regalo Maravilloso que es completo, mm pero parece como un rompe cabezas adentro. Te voy a decir te que se trata este rompe cabezas. Este rompe cabeza trae la alegría, la felicidad, el amor, la paz, la mansedumbre, la misericordia, y muchas más que tú lo veras cuando estés listo. Pero todo esto lo tienes dentro de ti, no en tu cuerpo, ni en tu mente, ni en tus emociones, ni en tus células, lo tendrás en tu yo profundo; tú vas a cometer muchos errores posiblemente con o sin conocimiento; no lose, va a depender de ti, posiblemente te emocionaras por todo lo que veas, que te vas a ocupar tanto con todo y de todos, que te vas a olvidar de ti. Cuando necesites la alegría, la felicidad, el amor, la paz, la mansedumbre y la misericordia, lo que vas hacer en vez de buscarlo dentro de ti, te pondrás en buscas de posiblemente en las drogas, en el alcohol, en el cigarrillo, o en los videojuegos, los bailes o la sensualidad o en la lujuria, en la envidia, en la codicia, la gula o en el odio etc.

Pero sabes, en la tierra nunca he creado a ninguna creatura que se mate por su propia cuenta y tu tendrás esa capacidad de destruirse por sí mismo y cuando tu estés metido en todo esto, te vas a dar cuenta que nos hemos desconectado. Para encontrar lo que a ti te hace feliz, o más bien dicho todo lo que hay dentro de ti. El rompe cabezas no se le ponen las piezas en el mundo, al menos que vuelvas a tu fuente que en este momento nos tiene unidos; mientras tanto no serás feliz, hasta que te des cuenta quien tu eres , y desde allí tú serás feliz, y se empezara a cumplir todo por lo cual yo te envío. Pero recuerda que tú lo has escogido todo y lo seguras haciendo si no te decides de hacer el cambio".

Aquí termina esta gran conversación. Ahora la creatura está en el vientre de la madre ya lista. Pero lo que los padres no saben es que la creatura está absorbiendo y observando todo lo que los padres dicen y hacen. Por consiguiente la creatura como tal. Como dice este proverbio antiguo. Donde está el palo, está la astilla. Bueno, en este momento los padres se empezaran a preparar la venida de esta nueva persona a esta familia. de 6 o 7 meses, los padres lo único que le preocupa saber, es que va a nacer y punto. Se preguntan que va ser mujercita, o barón; no lo saben pero están felices eso es todo. Y no se dan cuenta que esa creatura tiene otras cosas que a estas alturas todavía no lo saben. El nuevo ser humano tiene dos mentes que Dios quiso que él fuera el portador de dos mentes, de la consciente, y de la mente subconsciente.

18

El cambio de mentalidad requiere conocer la mente.

Bueno, no sé si alguna vez tú has escuchado de esta dos maravillosas de mentes; algo maravilloso que Dios nos ha regalado. Si tú quieres que pasen milagros en tu vida, tienes que saber cómo trabajan o cómo funcionan, o que es lo que esas cosas hacen en mi cabeza. Mientras que el creador está teniendo la conversación con su creación, bueno quiere seguir conversando con ella. Dios tiene una cualidad muy linda que él siempre está en busca de la creación para charlar con ella.

Y le sigue diciendo que tiene un poder maravilloso, Dios se dirige de nuevo a su obra maestra y la creación lo escucha muy atentamente como nunca lo haría un ser humano en esta tierra. Dios le dice, "todo lo que tú necesitas está dentro de ti, tu menta es mi mente y esa mente tendrá el poder que tú quieras, tu escogerás el tipo de poder que tenga bueno o malo; pero de que tendrá poder lo tendrá". Ahora la pregunta del millón. Nadie se ha hecho la siguiente pregunta. Te has preguntado alguna vez ¿Qué es lo que nunca nace, ni nunca muere del ser humano? Bueno, eso es una pregunta que muchos me pagarían mucho dinero para que les diga la respuesta, pero como tú me caes bien te la daré de gratis. Científicamente se ha comprobado que la creatura que ya tiene cierto tiempo en el feto de la madre; ellos dicen que la creatura ya escucha.

¿Pero cómo es eso? ¿Cómo es que dicen que la creatura ya escucha? ¿Cómo es eso? ¿Pero cómo es eso? ¿Cómo es que una persona, o una creatura inocente pueden entender? Claro que es posible que te puedan escuchar y te puedan comprender ¿Pero ellos o la creatura tiene consciencia de lo que está pasando? Claro que la creatura no tiene consciencia de lo que sucede en su alrededor, porque ellos son un satélite recibiendo la señal que se les está enviando. Porque todo movimiento es energía y ellos son energía y por consiguiente están absorbiendo todo. La pregunta es ¿Por qué está creatura es enviada a este planeta a través de la madre? ellos tiene un regalo que se llama consciente y subconsciente ¿Ellos tienen consciencia de lo que sucede? Claro que no, toda la señal que ellos reciben se va directamente a su subconsciente y el subconsciente lo guarda.

El subconsciente es como una grabadora. Tú sabes que si te pones a grabar, la grabadora no se va a detener cuando digas palabras inapropiadas, va a seguir grabando; claro que no la grabadora sigue grabando no le importa eso que estas grabando. Así es el subconsciente una grabadora no importa lo que llegue, ella sigue y sigue grabando hasta cuando llegue el momento de poder tocar, o ponerle play a lo que se ha grabado y sonara tal como se grabó. ¿Porque? Lo que nunca muere y nunca envejece, es el subconsciente o ser superior como llaman otras personas: El subconsciente de una creatura que está en el feto; en este momento su subconsciente es del mismo tamaño como el de aquella persona que tiene 20 o 30 o 50 o 100 o 160, años está completamente del mismo tamaño. Esa es la razón por la cual, toda la señal que está recibiendo esta creatura, lo está almacenando. De la misma manera que la persona de cierta edad está recibiendo la señal a la misma vez la esta almacenando igual que esta creatura.

La única diferencia es que la creatura no tiene consciencia de lo que está pasando, la persona adulta si tiene consciencia de lo que está sucediendo a diferencia a la creatura. La creatura no es responsable de la señal que le está llegando, pero el adulto si es responsable de la señal que le está llegando. Por ejemplo: La creatura escucha la palabra no puedo, o soy una basura, o fui un accidente, o eres un animal, o soy pobre, o no tengo dinero etc. Por consiguiente con todo esto la creatura los está recibiendo, o es un bombardeo y ella no puede hacer nada porque ella es un receptor valga la comparación; que solo recibe y no da. A diferencia con el adulto, el adulto no solo está enviando la señal pero también él la está recibiendo, porque ahora es el cien por ciento, responsable de lo que envía a su grabadora mental. Él dice, no puedo, o soy una basura, o soy un accidente, o soy pobre, o soy un animal, o no tengo dinero etc. Ahora él ya tiene consciencia de todo, pero el subconsciente esta del mismo tamaño ni grande ni pequeño sino que del mismo tamaño.

Debo de aclarar que la consciencia de la creatura son los padres y la consciencia del adulto es el mismo. La creatura no conoce el bien y el mal, pero el adulto si ya tiene la capacidad de identificar dentro del bien y el mal. a ver si todavía te acuerdas querido (a) lector, cuando leíste que Dios creó los cielos y la tierra y más adelanten el libro del génesis el antiguo testamento, o la tora, dice que todo cuanto creó era bueno. la pregunta una vez más ¿porque existe tanta maldad entonces? Volvamos a la historia de la creatura en el vientre de su madre. llega el momento de dar a luz, ese ser humano tan esperado por estos largos nueve meses, la creatura mientras esta en el vientre de su madre todo está bien, ella esta en buenas manos no hay nada de qué preocuparse, no hay ningún problema.

"la creatura está bien" dice el doctor, ya los padres a estas alturas ya se van acercando al momento tan esperado, como lo es el momento del alumbramiento. Es un sueño van a ser padres por primera vez, o segunda vez, o tercera vez, o cuarta vez etc. no lo sé, pero lo que sí sé es que esa creatura que viene nunca jamás la ha visto nadie sobre la faz de la tierra. Y ahora viene a esta hermosa familia, a estos hermosos padres. ya llegó el día y los padres están listos, están más que listos. Ahora a estas alturas ya saben que es lo que va a ser baroncito, o hembrita. Ya la esperan con gran ansia, para darle la bienvenida al otro miembro de la familia, llega el momento para poder abrazarlo. Y cuando el padre lo toma entre sus brazos, si es que lo toma entre sus brazos, (¿porque digo si es que lo toma? Porque hay padres, que lo que hacen es salir corriendo en esos momentos tan importantes) y cuando lo toma entre sus brazos; algunos miran al recién nacido y luego miran al cielo y dicen, "gracias señor buen trabajo".

Algunos otros ni se acuerdan a dar gracias. Para otros esa creatura que viene es, o fue un pasatiempo, o un accidente, o una noche de promiscuidad, no tiene nada de importancia para ellos. Para algunos otros esa creatura es un estorbo ¡Porque no estaba en sus planes! Para algunos otros es una carga porque dicen, "ahora voy a tener que trabajar más porque ya hay otra boca que tiene que darle de comer". Pero algunos otros, o la mayoría dicen, "Wow que obra tan perfecta, tiene que ser Dios para hacer algo así", y dicen, "gracias señor por darme la oportunidad de cuidar a alguien como esta hermosa creatura, ahora me encargo yo me haces el favor de irte por donde viniste, porque yo soy capaz de crear esta nueva vida". Yo nunca he dicho eso dicen alguno. Claro que no, pero tal vez literalmente lo has dicho. Pero no te preocupes más adelante te lo explico. Y la dan de baja al creador, empieza su dieta ¿Cómo es posible yo nunca he dicho esto, ni conozco a nadie que diga semejante barbaridad? Bueno, déjame refrescarte la memoria te acuerdas cuando esta creatura viene al mundo, obviamente los padres tienen que tomar la batuta es decir, la responsabilidad desde ese momento que viene al mundo; los padres se empiezan a preocupar por todo lo que le pasa, o lo que no le pasa.

"Que hay que darle de comer al bebe, que hay que cambiar él bebe, que hay que darle la comida al bebe, hay que ver él bebe que no se valla a caer, hay que mirar él bebe se va subir ahí y se va a lastimar. Hay que mira él bebe se va salir de la casa, o hay que mirar él bebe que tiene que dormir, o mirar él bebe porque no toma agua, o mirar el pupú del bebe esta verde que tendrá esta amarillo, que tiene esta creatura porque no me deja dormir como él no trabaja etc". ¿en todo esto adonde está el creador? o vas a decir tú, mira pero esto es lógico. Claro que es lógico; yo no estoy diciendo que no lo es.

¿En todo esto le has dicho al bebe de dónde viene? Porque solo viene a nuestras manos y nos apoderamos de ellos, decimos decir, son millos o son mis hijos, y yo los voy a educar como a mí me parezca porque son mis hijos no tus hijos. Qué bien, pero pregúntate ¿cuáles son tus principios? ¿Apoco tienes muy buenos principios como para que tus hijo los hereden? ¿Tienes buenos fundamentos? ¿A dónde está fundada tu vida en la arena, o en la roca?

A estas alturas la creatura ya se dio cuenta que tiene que depender de alguien; y esa creatura como no se le está enseñando principios y valores y fundamentos; Tu ambiente lo está enfermando, lo está atormentando aunque no tiene consciencia de lo que ve, o del panorama que lo rodea, ahora él está en un mundo diferente. Ahora por el ambiente se le está olvidando de donde viene, por lo hermoso del mundo o más bien dicho, de lo que parece. pero esa creatura sin importar el sexo ya tiene un año pero solo un año, pero todo ese año que él o ella ha pasado en esta tierra, ya se ha dado cuenta que dentro de él hay algo más llamado ego. ¿Qué es el ego? El ego es esa parte de ti que te aleja de tu fuente, o de tu creador. Y te dice, que tú no necesitas a nadie para sobrevivir o vivir en esta tierra.

Es esa parte de ti que te dice que tú puedes hacer las cosas sin ayuda de nadie y que no necesitas de los demás. ¿Porque hay tanta maldad en el mundo? Es eso el ego, la fuente de la maldad de este mundo. El ego tiene esa personalidad de que él es mejor que los demás y así sucesivamente la creatura se está separando poco a poco de su fuente y se olvida de la conversación que tuvieron hace poco con el creador; Mientras va creciendo es feliz, goza con cualquier cosa, se enoja se contenta y al ratito está haciendo cualquier cosa; jugando tirando los juguetes por todos lados, echándose a la boca todo lo que encuentra, divirtiéndose con todo lo que encuentra a su paso, ¿Por qué? Todavía está conectado a su fuente, con su creador, la creatura tiene los pañales mojados y la creatura se ve como si nada pasa, sigue jugando como que si no tuviera ropa o como que si la tuviera. Porque esa creatura esta con su creador contemplando esta vida y por supuesto que ella corre por toda la casa obviamente, cuando ya camina sale afuera y no hay vergüenza no tiene pena de nada. Los bebes son tan auténticos como no haya existido nadie sobre la faz de la tierra, igual o parecidos ¿Por qué? Ellos están todavía conectados con su fuente.

Cuando se desconectan es cuando las cosas cambian. Ellos son tan auténticos que cuando están enojados, nada que me voy a reírme tantito, la carita es de enojo y punto. Cuando están tristes pues, qué crees ¿está o no está tristes? por supuesto, porque todavía está la presencia de la gracia en ellos. Y desde que el ego empieza a reinar en vez de la grandeza, la paz, el gozo, el amor, la sencillez, la mansedumbre, el perdón, la belleza en pocas palabras. Dios empieza a disminuir y empieza a crecer el yo del ego y cuando el yo del ego comienza a tomar control de aquella vida, entonces lo que sale a la luz, o más bien dicho, cuando el ego reina en vez de dar a luz los problemas los esconde y deja de ser autentico. Si claro así como lo estás leyendo problemas. A continuación veremos cuál es el significado de los problemas. Pero antes quisiera recordarte o transmitirte que cuando hablamos del ego o del yo del ego, me estoy refiriendo al yo superior.

El ego lo que hace es en vez de que crezcas y que seas creativo, lo que hace es que disminuye tu creatividad. ¿Cómo se puede identificar una persona que está siendo gobernada por el ego? Esa es una buena pregunta, la persona que está siendo dominada por el ego, es aquella persona que te dice, ¿"quién eres tú para darme un consejo, o quien te crees que eres para que yo te escuche, o para que aprenda de ti"? o te dice "yo sé más que tú y el que debería darte consejos soy yo, y no tu a mí", o te dicen "aquí el que manda soy yo así que se va ser lo que yo diga etc." Porque lo que el ego busca es ser aplaudido, si no lo es se siente mal y el ego tiene que terminar ganando. Pero cuando te acercas al yo creador o al yo creativo, entonces empiezas a ser diferente, a actuar diferente que los demás. Eres más creativo, más comprensivo, eres enseñable en vez de ser maestro te vuelves aprendiz. No es que no sepas sino que siempre vez algo más superior en los demás y dices, esto me puede servir en la vida. Y en vez de creerte el más grande, vez a los demás más grandes que tú.

En vez de que te sientas superior de los demás, lo que haces es pensar que los demás saben más que tú, y así sucesivamente. veras estos dos tipos de personas en la calle, pero la pregunta que te quiero hacer a ti es ¿Qué tipo de persona quieres ser, de los del yo del ego, o de los yo creado? Te recomiendo el segundo porque lo que salen adelante, o los sobre salientes en la vida son aquellos que se dejan enseñar, para enseñar con humildad.

19

PROBLEMAS REGALOS DE DIOS, ABRAZOS DE DIOS.

Problemas ¿que son problemas? Oímos hablar de problemas por aquí y por allá; en la radio, por la televisión. Las familias hablan de problemas etc. Problemas aquí problemas haya y todo es problemas. Déjame transmitirte un mensaje muy motivacional en estas líneas. Los problemas no existen. No hay problemas. Si tienes un problema y me lo compartes, tal vez para mí no es un problema, ¿sabes porque? Porque lo que sucede es que eso que para ti es un problema, para mí no lo es. Problemas no existen solo existen las reacciones.

El problema es la reacción que tienes de esa circunstancia. Porque veras lo que te voy a decir. Si no me crees lo que te estoy diciendo eso es muy bueno. No me creas está bien, no te estoy transmitiendo esto para que me creas, lo hago solo para que tú lo soluciones por tu propia cuenta. Piensa un poco ¿alguna vez has tenido algún problema que no te hubiera traído bendición? ¿No has tenido una dificultad que después de haber pasado fuese una bendición? ¿Por qué le puse al título de este capítulo, problemas regalos de Dios y abrazos de Dios? o por la sencilla razón que el problema no existe, tampoco existen los accidentes ¿sabes cuales son los problemas y accidentes? Yo les llamo a esta dos palabras agujas pin chantes.

¿Por qué los llamo así? Por la sencilla razón que cuando pasa algo o más bien dicho, cuando pasa un problema es señal que te estás durmiendo y la vida te está pinchando es decir, te está enviando un mensaje a través de esta espina, digo este problema; diciéndote que algo anda mal con tu vida y hay que solucionarlo. Y tú preguntas, ¿Dios me manda esto? No, claro que no. solo recuerda que todo lo que él hizo fue bueno. ¿O cuanta vez me pasa un problema o supuesto problema, o accidente Dios me lo manda? Es como que dijéramos que cuando llueve, o cae la lluvia, o cae nieve, o cuando sale el sol, o cuando entra la noche, etc. Dios estuviera pendiente de todos los acontecimientos de lo cotidiano. Pero eso no es cierto, porque cuando pasa todo esto en la naturaleza, es porque ya está programado desde un principio desde cuando fue formado el mundo, o cuando hizo el mundo se quedó programado para que la naturaleza trabajara por su propia cuenta. Es como el despertador, te acuestas la noche anterior y programas tu reloj para que suene a la hora empunto, puede ser que pongas tu alarma para que suene a las 4, o a las 5, o a las 6, etc. de la mañana. Pero lo que tú has hecho fue simplemente programar el reloj, y el reloj hizo su trabajo por su propia cuenta.

Todos los acontecimientos que hay en la naturaleza, como por ejemplo: agua, nieve, frio, calor, noche, día, terremotos, diluvios, etc. Como ves todo eso ya está programado, todo tiene control, es una energía espiritual que controla todo eso y los movimientos de todos los sin fines de planetas alrededor del mundo; son movidos por esta fuerza espiritual, todo está programado. Es igual contigo tu estas vivo no muerto, y la dificultad lo que hace es recordarte que estás vivo (a). Y ellos se encargan de hacernos conscientes que estamos sobre la faz de la tierra.

Hace unos días, tuve una conversación con mi hermana, en Guatemala. Y me comentó como la estaban pasando por allá. Ella me dice, "no sé qué nos está pasando porque estas últimas semanas hemos tenido un montón de problemas". Un momento; le digo, ¿qué clase de problemas son? ¿Qué es lo que para ti, o para la familia son problemas? Ella me dirige la palabra y me dice. "Veraz. Hace tres semanas mi sobrino se estaba subiendo en un árbol, se resbaló y cayó sobre una roca y se rompió la frente. Y una semana después mi madre estaba haciendo un hoyo en la tierra con una piocha y no se dio cuenta que allí había una roca cerca de donde ella estaba picando; y cuando ella levantó la piocha para dar el piquete, su dedo de la mano izquierda topó en la piedra y se lo quebró. Y dos semanas más tarde, mi hija estaba cocinando Y agarró mal el cuchillo y se cortó el dedo de la mano izquierda. Y anoche" "como tú sabes" me dice ella, "que nosotros tenemos ganado. Y anoche se nos había perdido una vaca y le llamaron a mi esposo para decirle que una vaca estaba entre unas milpas y que posiblemente era la de nosotros.

Pero como mi esposo estaba trabajando y ya eran como las 7 de la noche; ya no se miraba muy bien porque ya estaba entrando la noche. El me llamó desesperado diciéndome; que la fuera a traen o al menos fuera a ver si esa era la de nosotros. Agarré a mi hijo y una linterna, y nos fuimos supuestamente a traer la vaca; como íbamos corriendo no me di cuenta que en el camino había un hoyo, y yo puse mi pie entre las hojas que avían en el camino, y cuando sentí me hundí; pero yo solo sentí un ras poncito en mi rodilla. Y me fui a traer la vaca, pero cuando llegamos al lugar nos dimos cuenta que esa no era la vaca. A estas alturas yo ya sentía que me corría agua por mi rodia y calló a mi pie; me agaché a ver qué ara y de donde había venido esa agua, me di cuenta que tenía un rio de sangre en mi pie. Luego después de darme cuenta que era sangre, me amarré un trapo y seguimos caminando a traer la mentada vaca. A estas alturas yo ya estaba tan enojada que no tienes idea.

Pero cuando íbamos para la casa, claro porque la vaca no estaba en el lugar que supuestamente estaba. Y cuando íbamos para la casa nos dimos cuenta que la vaca estaba cerca muy seca de la casa. Yo" me dice ella. "Estaba tan enojada que no tienes idea. Lo bueno que mi esposo no estaba en la casa, si hubiera estado en la casa te aseguro que no sé qué le hubiera hecho.

Llegué a la casa me removí el trapo que me había puesto, o con el cual amarré mi piel cuando sentí que estaba sangrando. Y hasta ahí me di cuenta que estaba herida y no era cualquiera era una gran herida. Cuando mi esposo llego yo por supuesto ya estaba calmada y decidí enseñarle la herida, y la reacción de él fue vámonos inmediatamente para el hospital. Yo estoy bien le dije no te preocupes. El otro día sí, me miraba muy mal y tuvimos que ir al hospital y me pusieron ocho puntos. Pero lo que te quiero decir es que, hace poco hemos empezado con estos problemas ingratos".

Bueno, le digo gracias por compartir esta historia con migo. Vamos a ver que podemos sacar de bueno de todo esto. "Espera un momento; antes que tu hables quiero decirte que cosas grandes vienen estas son solo pruebas del enemigo, que no quiere que sigamos a Dios". Espera un momento; le digo, hazme un favor en esta conversación vamos a dejar a Dios y al Diablo fuera del asunto. Porque ahora vamos a ver qué tiene de positivo la vida a través de esto que aparentemente son tragedias. Antes de hablarte al respecto voy a hacerte barias preguntas. ¿Hablaste con tu sobrino? "si" me dice, de acuerdo le digo ahora dime qué fue lo que él aprendió de esto. Me dice mi hermana, "mi sobrino cuando yo hablé con él me dijo que desde ese momento el debería tener un poco más de cuidado al trepar árboles y gracias a ese golpe ahora es más cuidadoso y cuida más a sus hermanos cosa que antes no lo hacía". De acuerdo le digo, ¿hablaste con nuestra madre después que se fracturó el dedo? "si" me dice, "yo hablé con ella".

Y le pregunto ¿y ella que te dijo? Ella me dice "viéndolo bien yo lo pude haber evitado, pero por estar pensando en muchas cosas no me di cuenta que ahí había una piedra, pero gracias a ese golpe yo estoy descansando, cosa que yo siempre decía que nunca había tiempo para descansar y ahora estoy guardando dieta y descansando". De acuerdo le digo ¿Y hablaste con tu hija después que se cortó el dedo? Me dice "si claro que lo hice". ¿Y ella que te dijo? le digo, "bueno me dice, yo hable con ella y le pregunte qué era lo que ella estaba pensando, y ella me dijo que estaba muy cansada, y no tenía ganas de cocinar es más estaba molesta contigo, yo estaba pensando muchas cosas ok". Le dice mi hermana, claro su madre, "¿y qué aprendiste de la lección?" "O lo que aprendí fue que haga lo que haga lo tengo que hacer con amor y cuanta vez no me sienta bien, te voy a decir que no estoy bien para que me ayudes.

Gracias a esta herida he aprendido que el cuidarme a mí mismo es lo esencial en la vida antes de cuidar a otros". De acuerdo le digo, ¿ahora después de regresar del hospital cómo te sientes, o que aprendiste de la lección? ella me dirige la palabra y me dice. "Mira hermano" me dice "es algo extraño, porque hay un amor, y una comprensión que antes do había que no se puede explicar, es algo fuera de lo normal, cosa que pasaba ayer que era diferente, ahora es totalmente distinto. Aquí ando arrastrando mi pie pero estoy en paz, pareciera que este golpe nos ha traído la paz, y gracias a esta herida aquí estamos reunidos, están mi papá, mi mamá, y mis hermanos. He aprendido que la próxima vez que haya algo semejante, lo tomare más con calma". Le digo, mira que bien; me alegro por ti por haber aprendido la lección. Viéndolo bien con todo lo que me has dicho, estos no fueron problemas como tu decías antes o accidentes, todo esto fueron lecciones. Lecciones de la vida le digo, de ahora en adelante hazme el favor de no llamarles problemas, o accidentes, sino llámales lecciones de la vida, porque lo único que traen son lecciones, son una aguja diciéndote mira despierta estas vivo (a).

Querido lector (a) como te das cuenta los problemas no existe, solo existe la manera como tu reaccionas a cada circunstancia de la vida. Siguiendo con el libre albedrio, o voluntad. Me he dado cuenta que los seres humanos, desde que nacen o más bien dicho, desde que la creatura es concebida en el feto. Ya viene completa es decir, ya viene perfecta ¿Por qué perfecta? Perfecta porque todo lo que necesitan para vivir, como respeto, amor, sueños, metas, propósitos, mansedumbre, etc. Todo eso y más; ellos ya lo traen, es como el paquete completo, traen la alegría, y también la tristeza, lo bueno, y lo incorrecto, son la caja completa que no les hace falta nada, valga la comparación y lo que tenemos que hacer es solamente disciplinarlos. Es cuestión que nosotros como padres podremos identificar el propósito de nuestros hijos. El trabajo de los padres no es ponerles nuestros propósitos, o nuevos sueños, o nuevos, caminos, o nuevas metas, etc. El trabajo de los padres es darles la educación y ponerles mucha atención para ver que traen, o que no traen, o que cosa son ellos, me parece, o no; ellos son personas diferentes que tú y yo.

20

LA SERPIENTE.

Más adelante en el génesis, o en el libro de la Tora. Dice que la serpiente se le apareció a la mujer es decir, le habló. Génesis 3:1. Bueno la serpiente aquí simboliza el mal al enemigo traidor, el instrumento del mal, o el instrumento del diablo. Como quieras llamarlo. Aquí se ve como el símbolo del pecado, de desobediencia, o la separación del creador con la creación. Pero yo le llamare a este fenómeno, el ego, que quiere estar sobre los demás, y quiere ser más que los demás. El ego te dice ,que tú puedes hacer las cosa solo por tu propia cuenta y no necesitas a tu creado para vivir en esta tierra, incluso te desconecta de tu fuente, o de Dios y te quedas perdido solo tú y tu ego. Si el estar conectado con tu fuente es la raíz de toda la vida.

También estar desconectado de tu fuente es la raíz de todos los males. En este suceso que estamos observando, en el jardín del Edén esta separación del creador con su creación. Lo que está pasando es que el ego esta reinando, o empieza a reinar en este jardín hermoso que es tu vida misma. ¿Cuál es este jardín? El jardín es tu casa, el jardín es tu hogar y en este jardín ya no se ve la unidad que se tenía antes. Cuando la conexión que se tenía con tu creador era inseparable ahora el ego hace de las suya. El ego es un poderoso instrumento para separarte de la fuente. En este jardín cuando ya te das cuenta; que puedes hacer todo por tu propia cuenta, hasta entonces empiezas a decirle a tu creador literalmente. Mira Dios yo ya soy grande, así que déjame solo, ya puedo solo, gracias por tu ayuda pero ya puedo hacer las cosas ¿y cómo lo estoy haciendo que yo no me doy cuenta? Sencillo como esto.

Cuando empiezas a caminar por la vida sin rumbo, te arrojas a los vicios, a las sensualidades etc. Haces tus propios caminos. Cuando te ves superior a los demás, haces tus propias empresas, tus trabajos, tus riquezas etc. Sin contar con la ayuda de Dios, tal vez no con la ayuda de Dios, sino que pierdes la consciencia que un día tenías con alguien, o creado por alguien a imagen y semejanza. Aquí en la tierra se vuelves escéptico, o creyente, o te conviertes en una religión, o haces tu propia religión. Que es cristiano, o budista, o musulmán, etc. Pero al final terminan causando división, allí comienza la problemática, allí empieza el ego a trabajar. Empiezan los conflictos que yo soy de aquí, que yo soy de allá, que yo estoy salvo y tu estas condenado, que yo sé esto, que yo se lo otro, que mi religión es mejor que la tuya, que esta es mi creencia o que esa no es mi creencia o este es mi clero o el otro es mi clero.

Al final de tanta problemática, a su creador lo dejan a un lado y se enfocan más en lo que creen creer de Dios y sus doctrinas. Le ponen más importancia a sus cleros, doctrinas, dogmas, creencias etc. Estas creencias lo que hace es separarlos de Dios. Lo que hacen estas creencias es apartarnos del cielo, de la felicidad, de la alegría, de la libertad, de la paz, del gozo completo; ahora alguien tiene que despertarse y decirnos, que es el momento de hacer un cambio o el cambio, de dar un giro de "180" grados para poder conectarnos una vez más con el cielo o más bien dicho, conectarnos con la fuente sagrada, con nuestra fuente. Porque estamos en la era del cambio, estamos en el momento de marcar la diferencia, La pregunta es si yo me he desconectado de mi fuente entonces ¿cómo hago para poder volver a mi lugar que he perdido, a mi vida primitiva o más bien dicho, como hago para encontrar una vez más mi fuente, o mi materia prima tengo que orar, o rezar, o leer libros religiosos, o cantar alabanzas, o ir a cultos, o ir a la iglesia? que te puedo decir al respecto, lo único que te puedo decir es que nada de lo que has leído hay que hacer para volver a tu fuente.

Entonces me dirás ¿que soy un sicópata? pero si eres un escéptico o ateo entonces lo importante es saber quién eres tú Pero si eres creyente y tienes la costumbre de rezar, leer libros religiosos la biblia entre otros, orar, cantar. Eso me parece bien y te ánimo para que los sigas haciendo, pero si Dios no te conoce eso si es un grave problema.

Te quiero recordar que la biblia no es un libro religioso, la biblia es el libro más importante en la motivación, un libro de cambio de vida. Lo que tienes que hacer de hoy en adelante, involucrar a Dios con todo lo que tú haces, en tu vida cotidiana; pues desde que te levantas hasta que te acuestas. Involúcralo en todos los lugares donde tu habitas, o vas y cada respiro que das él también los de por ti y en cada paso que des en la vida, asegúrate que estén respaldados por Dios. Lo único que debes de hacer después de lo que bienes haciendo, a empezar a hablar diferente. De empezar a decir, por ejemplo; ahora Dios quiero que seas parte de mi vida, hoy yo quiero y deseo que mi vida sea dirigida por ti y todo lo que yo hago siempre este dirigido por una fuerza espiritual, de esa fuerza que nunca falla, de esa fuerza que viene de lo más profundo de mi, de esa fuerza que fluye cada segundo de mí.

Hoy yo me propongo hacer cualquier cosa con tal que sea buena y no lastime o dañe a mis hermanos o a los demás seres humanos. Hoy yo me levanto y voy por mis sueños, pero te pido que esa fuente poderosa que me quema por dentro guie mi vida y todo el mundo, hoy camino a mi propósito. Yo comprendo en este día que la misma energía que mueve todas las estrellas y todos los planetas, esa misma energía es la que en este momento está moviendo mi interior y toda mi vida, todas mis células y todas las moléculas de mi cuerpo y mi vida. Hoy da un giro de "180" grados, porque Dios se ha involucrado con migo y yo me he involucrado con Dios. La serpiente siempre la vemos como la mala, como el animal venenoso que hasta la biblia la cataloga como la mala y me parece que tiene razón. Pero más adelante hablare de algo que me llama la atención. Jesús; el hombre que ha revolucionado más de 2,000 años.

Menciona también la serpiente, pero el ya no la ve como la mala, sino al contrario la pone como ejemplo; nos dice que seamos astutos como las serpientes. Más adelante profundaremos más al respecto ahora quiero transmitirte una historieta acerca de la serpiente y la luciérnaga.

LA SERPIENTE Y LA LUCIÉRNAGA.

Cuentan que una vez, una serpiente empezó a perseguir a una luciérnaga. Y esta huía rápido y con miedo de la feroz depredadora y la serpiente no parecía desistir. Huyó un día y ella no desistía, dos días y nada. Al tercer día ya sin fuerza la luciérnaga, se detuvo y le dijo a la serpiente ¿oye tú te puedo hacer tres preguntas? La serpiente se vuelve a ella y le dice, no acostumbro dar este presente a nadie, pero como igual te voy a devorar, pues pregunta. ¿Pertenezco a tu cadena alimenticia? No. Contestó la serpiente ¿yo te he hecho algún mal? No. Volvió a responder la serpiente ¿Por qué quieres acabar conmigo? La serpiente le dice. Te quiero devorar porque no soporto verte brillar.

Mí querido (a) lector. Así muchos de nosotros nos hemos visto envueltos en situaciones donde nos preguntamos ¿Por qué me pasa esto, si yo no he hecho nada malo? Sencillo. Porque no te soportan verte brillar. La envidia es el peor sentimiento que podemos tener. Que envidian tus logros, tu éxito, que envidian verte brillar. Cuando esto pasé no dejes de brillar, continua siendo tú mismo, sigue dando lo mejor de ti, sigue haciendo lo mejor, no permitas que te lastimen, no permitas que te hieran, sigue brillando y no podrán tocarte porque tu luz debe seguir intacta. Es tu esencia y debe permanecer, pase lo que pace.

Veraz mi querido (a) lector ¿Por qué te he querido compartir esta pequeña historieta? Porque la verdad es que necesitamos volver a nuestra raíz, que es la verdad ¿Cuál es la Verdad? No lose. Lo única que sé que la verdad es la verdad. Y la verdad está en ti y solo en ti, ¿quieres saber cuál es la verdad? Bueno, la verdad está en ti, no la busques en los demás, ni en mí; porque no la vas a encontrar. Solo hay un lugar donde tú la puedes encontrar y ese lugar eres tú y ahí está la verdad dentro de ti. Solo búscala lucha para encontrarla y la encontraras, solo ve por ella.

21

La paloma. La oveja. El lobo y la serpiente.

Vamos a las serpientes como malas, o que son instrumentos del mal etc. Pero el señor Jesús, nos recuerda su astucia, esa astucia que solo tipifica a las serpientes. **Mt 10:16. Miren que los envió como ovejas en medio de lobos. Sean astutos como la serpiente, pero sencillos como la paloma.**
No hay nada que llame tanto la atención como las serpientes. Y no hay animal que no pueda pasar desapercibido como la paloma. El señor Jesús sorprendió a sus seguidores con esta determínate solicitud ¿Por qué el maestro usó esos dos animales para pedir que la actitud de ellos fuera determinada, por la manera de operar de estos dos animales? La palabra en griego que el maestro utilizó fue próximos. Que significa prudente, cuidadoso, sagas, pensante, discernidor, inteligente, sensible. Al observar a una serpiente cuando busca a una presa, o cuando se siente atacada, ella no se desespera, sino que opera con mucha prudencia, ya sea para atrapar la presa, o para no convertirse en una presa. La serpiente no se deja llevar por la astucia, sino que hace bien sus cálculos.

El señor también nos pide que seamos astutos, o seamos como las serpientes. Y seamos sencillos como las palomas. Con la palabra sencillo, el usó la palabra griega akeraios, la cual significa, inocentes, simples, inofensivos. Acabamos de estar hablando de las serpientes que tienen un aspecto horrible. Y también las ejemplificamos con lo malo, o el diablo. Pero realmente tienen algo que enseñarnos. Déjame te digo, como yo en lo personal pienso que es este mundo. Yo pienso que estamos en un mundo igual al de los animales, bueno es una selva; pues la única diferencia que nosotros tenemos es que razonamos y claro que si somos completamente diferentes que ellos. ¿Pero sabes qué? Estamos en una selva nosotros también. Yo lo veo así y en esta selva hay todo tipo de animales. Incluyendo serpientes, palomas, ovejas, lobos etc.

Y como estamos en una selva llena de animales salvajes. Obviamente nosotros también tenemos que aprender a comportarnos como salvajes. Y como sabemos en la selva, hay todo tipo de animales buenos, malo, medio buenos, medio malos, medio inteligentes, astutos, medio astutos, listos, medio listos, venenosos, medio venenosos. Animales buenos para comer a otros animales y entre esos animales estamos nosotros. Ahora te pregunto ¿Qué tipo de animal eres tú, de que clase es tu especie? ¿Malo, bueno, medio malo, medio bueno, astuto, medio astuto, listo, medio listo, inteligente, medio inteligente, venenoso, medio venenoso, pasivo, medio pasivo, etc.? Bueno, si todavía no sabes quién eres, o qué tipo de animal tú eres. Pues ya es tiempo que empieces a echar un vistazo a tu alrededor. Veras, como acabamos de ver que la serpiente es un animal astuto, muy listo. Que cuando va a cazar, está muy pendiente, no hace ruido y cada movimiento lo tiene bien calculado.

Tenemos que andar por la vida con la cara en alto como las serpientes muy astutas. ¿Para qué? Te preguntaras. Por los enemigos ¿No? No solamente por tus enemigos, si no por todo lo que la vida te ofrece. Tienes no solamente andar muy astuto, sino también ser muy manso como la paloma es decir, muy humilde, muy inocente, muy tranquilo etc. ¿Qué significa eso? Lo que significa es que primero andar listo (a) para mi presa. ¿Qué es mi presa o cual es mi presa? Bueno, recuerda primero, listo para que no te engañen, o preparado para cuando todos los enemigos se levantan en contra tuya. Los enemigos del alma, los enemigos del espíritu, los enemigos de tu cuerpo, los enemigos de tu mente, los enemigos de tu familia, los enemigos de tu matrimonio, los enemigos de tu empresa, los enemigos de tu riqueza o fortuna, los enemigos de tu negocio etc. Esos enemigos que lo único que te dicen a ti es; no sirves, eso no es para ti.

De todo esto tienes que estar precavido (a) pero también tienes que estar listo o más bien dicho, debes de ser muy precavido con tus sueños, metas, propósitos, metas a largo plazo y a corto plazo. Y todo lo que quieras en la vida, y estar dispuesto de hacer el cambio o marcar la diferencia en ti; en tu familia, en tu barrio, en tu aldea, en tu provincia, en tu país, en el mundo. Recuerda que primero tienes que empezar tú. Porque todo empieza con primera persona, no con segunda o tercera persona. Primero eres tú. Estarás pendiente a las oportunidades; a las puertas que día tras día se te abren delante de ti. Porque cuando tú tienes astucia y sencillez como la serpiente y la paloma ganas.

Entonces, solo hasta entonces caminaras y vivirás en paz y seguro por la tierra. ¿Por qué tengo que estar despierto (a)? porque realmente la mayoría de la gente se la pasa durmiendo todo el tiempo. ¿Cómo está eso que hay personas que están durmiendo todo el tiempo? Claro que sí.

Ellos tienen que acostarse en la noche, pero no saben que lo que están haciendo es nada más y nada menos que la continuidad de su sueño en la vida. Sí. Porque hay personas que andan como yo les llamo, como gallinas sin cabeza, o zombis que no saben si van o vienen. No saben ni de dónde vienen, ni para donde van. Ellos ya no tienen sueños, ya no tienen metas, nunca han buscado su propósito y ni lo han buscado, ni saben que es lo que están haciendo aquí en la tierra. Algunos creen que están aquí para hacer riquezas, algunos otros creen que están aquí para casarse, algunos otros creen que están aquí para tener un trabajo, o para comprar, o vender, o para ocupar un lugar en este planeta tierra.

Algunas mujeres creen que han venido a la tierra solo para tener hijos, o solo para hacer feliz a un hombre. Algunas otras piensan que están aquí solo para cocinar, o lavar los trastes, o ser una mujer, o criada de casa. Algunos otros creen que están aquí porque sus padres quisieron tenerlos. Eso es todo para ellos no hay ningún propósito. Todo eso puede ser verdad, si lo haces que sea verdad pero mientras tanto no es cierto; la verdad es que tu mi amigo(a) viniste a este mundo a hacer algo más que eso. Tienes un propósito único. Así como son las huellas de tus dedos únicos, así es lo que tú tienes que encontrar por tu propia cuenta y darte cuenta quien realmente eres tú. Pero para eso tienes que tener coraje, astucia y sencillez etc. Para seguir con coraje en la vida, te sería de gran utilidad que seas tú y no una copia, nomás se tú, debes de ser autentico transparente y ser un ejemplo moderno.

Porque si eres una segunda persona, estas condenado a ser un segundo y tendrás todo de segunda mano y eso a ti no te conviene. Lo que tienes que hacer de ahora en adelante es dejar de estar imitando a los demás, es bueno querer hacer lo que los demás hacen, pero no ser como los demás. Jesús les dijo a sus discípulos, hagan lo que ellos dicen, pero no hagan lo que ellos hacen. Empieza a ser tú mismo, la clave para triunfar en la vida es ser tú. Y ama lo que haces y hace lo que amas, o lo que más te gusta. Es más si eso te acerca a tus sueños, metas, propósitos, mucho mejor.

Primero tenemos que preguntarnos ¿Qué es despertar? ¿O que es dormir? Porque muchos no entienden este concepto de dormir y despertar. Según el diccionario de la real academia española. Lo explica muy bien y muy claro dice, que es ese momento que nada está en movimiento o nada tiene que estar en movimiento. Pero realmente como expliqué ase rato. Hay personas que no saben si un día van a morir, o que si ese cuerpo que tienen va hacer eterno o no. Esas personas están dormidas ¿sabes cuándo despiertan y se ponen a la expectativa? cuando hay un tsunami, un terremoto, un temblor, o que ya amenaza que se va a derrumbar la casa. Ahí sí, mi amigo, se despiertan y todo mundo se pone de rodillas, va a los templos, reza sus oraciones que un día aprendió, le rezan a sus santitos, a Jesús, a Dios, a Buda, a Mahoma, a su angelito de la guarda, porque ahora si los necesitamos.

Y que nomás lo hacen ahora, si todo mundo despierta incluso; la pérdida de un ser querido. Hasta entonces se despierta la gente de su letargo. El dormir significa tener la capacidad de poder descansar todo el cuerpo. Cuando digo todo el cuerpo es todo el cuerpo, eso es todo. Hay personas que tienen la capacidad de descansar el cuerpo, pero no la mente. ¿Te has dado cuenta que hay personas que duermen de 7 a 8 horas diarias, y cuando se despiertan están tan cansadas que cuando se acostaron el día anterior? Es porque no tuvieron la fuerza de poder descansar la mente. Están acostados y la mente está en constante movimiento, está por aquí, está por ahí, hace y no hace, trabaja y no trabaja, sube y baja Y está en constante movimiento.

Se despiertan al otro día y la mente sigue trabajando; no se dan cuenta ni para que ni porque. Pero ellos están durmiendo todo el tiempo, la mente los lleva, los trae, le dice que hacer, le dice que no hacer, y ellos van por la vida sin rumbo fijo. Mientras su cuerpo está deteriorándose, su interior también está deteriorando por la mucha presión. ¿Entonces que es dormir? Sencillo como esto. Tienes que ordenarle a tu cuerpo que le permita a la mente descansar. Tu sabes que los dedos de tus manos no se mueven por si solos, y los dedos de tus pies tampoco se mueven por su propia cuanta. Tus pies no se mueven por si solos, en otras palabras, todas las partes de tu cuerpo no se mueven por si solos, tú les das el permiso para que se muevan, solo ten la voluntad de hacerlo y se moverá. Ahora pongo un pequeño ejemplo, diles a tus dedos de los pies por ejemplo, pero no le envíes ninguna señal. Diles que se muevan pero no los muevas, y te aseguro que no se moverán. ¿Qué pasó se movieron? No verdad. Lo que pasó fue que obviamente no hubo ningún movimiento de pensamientos hacia esa parte de tu cuerpo, porque todo se mueve a tu voluntad. Y todo tu ser solo obedece órdenes y hace lo que tú le ordenas, o quieres que haga.

Así exactamente la misma función tiene tu mente, o tus pensamientos. Cuando te vayas a dormir sosiega la mente solo siéntate en tu cama, o en algún lugar cómodo, y ordénales que descanse que duerma, y que te traiga paz, gozo, y tratar de olvidar todo lo que en la vida has perdido.

Dile que tiene que descansar porque tiene que recargar batería, porque seguramente la vas a necesitar el día siguiente. Repite estas palabras, o tú puedes inventar tus propias palabras, o tus propias declaraciones, o tus propias órdenes. Repite lo siguiente, mente yo te ordeno en este momento que descanses, y que recargue energía, para mi día siguiente. Te ordeno que descanses por completo, ahora obedece; tu estas bajo mis órdenes, no yo. Yo soy tu rey, no tú. Repite barias veces, yo soy tu rey no tú, Repítelo barias veces, y veras que podrás descansar. Ahora bien, cuando vas durmiendo por la vida tus metas, sueños, tu propósito. Están tan cerca de ti que ni te lo imaginas. Las puertas de la oportunidad se está abriendo y tu ni importancia le pones por estar durmiendo. Como estas durmiendo la familia de tus sueños está ahí y tú no la miras. Por estar dormido(a) este anestesiado el trabajo que tanto querías tener en el pasado ya está ahí y no lo ves.

Tu compañía que tanto quieres está ahí, solo es cuestión que le des un clic a la tecla de tu vida, pero claro asegúrate que sea la correcta y vendrá a ti como arte de magia. Tu primer millón está a punto de llegar a tu bolcillo solamente despierta. El país que has soñado viajar espera por ti, pero como estás durmiendo no sabes que la vida se te está escureciendo, y lo único que hay en ti son excusas. No te das cuenta que la vida se te escurre entre las manos, como la arena entre tus dedos, estás perdiendo los mejores años de tu vida no desperdicies tu tiempo. No desperdicies tu tiempo enfrente de la televisión, en las redes sociales, en los videojuegos. No te das cuenta que la vida se te está acabando amigo, no la tires a la basura, con ese vicio del fumar, el alcohol, drogas etc. Si siembras en la vida de esa forma no pienses que tendrás buena cosecha amigo (a). vamos, tu puedes este es el momento de tu vida, este es el día, esta es la semana, este es el mes, este es el año, tu eres la persona indicada para eso, eres el escogido.

Duerme solo el tiempo que tienes que dormir, y el resto del tiempo camina despierto ¿Qué significa despertarse? Según el diccionario de la real academia española. Despertar renovar o atraer a la memoria algo ya olvidado. Hacer que alguien vuelva sobre si, o recapacite, mover hacía. Como veras el despertar no es solamente levantarse de la cama. Sino que es renovar, hacer que alguien vuelva sobre si etc. Despertar es que tú y yo andemos por la vida listos o sobre si, siempre listos para cualquier oportunidad cuando tú ya sabes estos significados en la vida. Podrás dar órdenes positivas a tu ser, incluso a tu mente y todo tu mundo. Y hasta entonces estás listo para poner en práctica lo que dijo Jesús en las sagradas escrituras:

Mateo 7:7-8. Pidan y se les dará, busquen y hallaran; llamen y se le abrirá la puerta. Porque el que pide, recibe, el que busca encuentra; y se le abrirá la puerta al que llama.

¿Wow de que estamos hablando aquí? esta sí que es una palabra poderosa. Cuando tú y yo caminamos bien despiertos en la vida, y con astucia, y con sencillez ya estamos hechos. Porque hasta entonces, la vida se inclina hacia ti y te dice, hola que tal aquí estoy. Se inclina hacia ti y te dice en que te puedo ayudar. En que te puedo servir, aquí estoy para servirte solo dime para que soy buena y yo haré todo lo que tú me pidas, o lo que tú quieras. Vamos a ver estas palabras uno por uno, a ver si le encontramos el propósito para nuestras vidas, sin duda alguna yo ya lo encontré ¿LO ARAS TU?

1 Buscar.

Eso me recuerda a una historia en el antiguo testamento, que cuando Eliseo estaba con los hermanos profetas, en el Jordán. Cuando el rey de

Aran organizaba expediciones contra Israel. 2 de Reyes 6:5: estaba uno derribando un árbol, cuando se le cayó el hacha al rio y exclamó; ay mi señor, un hierro que me habían prestado. El hombre de Dios le preguntó ¿Dónde ha caído? Y le mostraron el lugar. Entonces Eliseo cortó un palo, lo arrojó allí y el hierro salió a flote. Quiero arrancar de esta historia bien apropiada para este tema, buscar. ¿Qué es buscar entonces? La pregunta que te hago en este momento es ¿a dónde se te cayó el hacha? O mejor dicho ¿a donde dejaste esos sueños, esa familia, esa meta, ese propósito; por la cual tú vivías diariamente? ¿A dónde te perdiste, cual fue la piedra que te hizo tropezar en la vida? ¿Será que tenías una hacha y la perdiste en el momento que más la necesitabas y te distes por vencido (a) y no la buscaste, o será que no has tenido alguna? Primeramente vas a buscar en ti, olvídate de los demás enfoquémonos en el yo profundo, en el yo creador, primera persona yo.

Enfoquémonos en esa energía poderosa que se mueve dentro de mí. Primero, vamos a explorar esa mente dentro de mí. Porque todo lo que tú quieres, y buscas está allí. Cuando el señor se refiere a buscar se refiere a ti. Te está diciendo que es el momento de organizar las cosas que por mucho tiempo has querido organizar. Esas cosas están muy desordenadas y alguien tiene que ordénalas. Una pregunta ¿Quién la limpia? tu obviamente ¿verdad? Pero ¿Quién limpia tu casa interior? Si no lo haces tú quien lo va hacer; al menos tu casa donde tú vives cuando está sucia, puedes buscar a alguien para que te la limpie o la limpias tú. Pero tú casa interior nadie más que tú puede hacer esa limpieza. Solo tú decides que almacenar y que no almacenar dentro de tu propia casa. Entonces, vamos a empezar a buscar dentro de nosotros mismos, para que las puertas se puedan abrir. La pregunta una vez más para ti ¿Quién eres, sabes quién tú eres? Porque si no sabes quién tu eres, pues tenemos que empezar por allí.

Para poder saber qué es lo que tengo que buscar, tengo que saber a donde tengo que buscar. Vamos a lo más profundo de ti, entremos en lo más profundo de la vida, porque la vida no es eso que tú ves, la vida no es eso pasajero. Porque si tú le llamas vida a eso que un día terminara, lo siento por ti pero eso no es vida. La vida es lo que nunca termina, la vida no tiene principio ni final. Como lo expliqué hace un momento en este libro, la vida es eterna, la vida es infinita. Te has preguntado un ¿un día moriré? Claro que no. tú nunca morirás, lo único que pasara es que dejaras tu cuerpo o mejor dicho, tu cuerpo dejara de respirar y tú seguirás vivo en un lugar de lo espiritual, porque tú no eres un ser humano que tiene una experiencia espiritual, tu eres un ser espiritual que tiene una experiencia humana. Es cuestión que encuentres tu propósito espiritual o mejor dicho, volver a la fuente. Te has dado cuenta que cuando le preguntas a alguien ¿quién es? lo que te dicen es, yo soy tal fulano y te dan el nombre, te dicen este, o esta soy yo. Realmente no son ellos, es parte de ellos que no es lo mismo por ejemplo: mi cuerpo está enfermo, o mi cuerpo me duelen, o mis ojos me duelen, o mis dientes me duelen, o mis brazos me duelen, o mi cabeza me duele, o mis huesos me duelen, etc. En ingles, se oye mucho mejor ejemplo: My name, or my body, or my head, or my finger, or my stomach etc. Te das cuenta, my, eso mío es mío, pero eso realmente no eres tú, Tu eres más que eso esto es algo parecido como mi casa, mi auto, mi dinero, mi compañía, mi familia, mi comida, mi esposa, mi esposo, mis hijos, mi avión etc. pero ellos no son eso. Como leíste en el capítulo del yo y quien soy. Bueno, el punto aquí es que nos empecemos a ponernos atención a nosotros mismos y buscar más dentro de nosotros mismos en vez de buscarlo en otro lado. Porqué déjame te digo que tus sueños, tus metas, tus propósitos, tus objetivos, incluso tu visión, no los vas a encontrar fuera de ti, los vas a encontrar dentro de ti. Porque lo que has perdido está allí, esperando por ti para servirte. Porque tu creador te escogió a ti, te eligió, a ti para una tarea especial que nada más y nada menos tú lo puedes llevar a cabo. El Promete que, el que busca encontrara su propósito en la vida, dependiendo de la intención que tenga en la vida.

2. Pidan y se le dará.

Despierta tú que duermes y levántate de entre los muertos, y te alumbrara Cristo, Efesios 5:14 definitivamente el mensaje es despertemos del sueño que por década hemos venido arrastrando mejor dicho, tendré que despertar para que haya un cambio, para que la luz divina me alcance y para que esa fuerza divina brille en mi ¿pero cómo me pongo en sintonía con mi creador otra vez? Bueno si eres un creyente, o algo así, y te sientes que ya no tienes acceso a la presencia pídele a Dios para que te haga ver milagros, o lo que quieres experimentar la presencia espiritual. Realmente te digo en este momento que no estés perdiendo tu tiempo, todo lo que se te ocurra pedir, o desees ya lo tienes solo es cuestión que lo busques. Como hemos venido hablando, lo único que le debes pedirle a Dios es que te de la fuerza, y el milagro de que tu luz interior Resplandezca en la obscuridad.

Ahora veamos un poco más profundo este capítulo, y como se relaciona con mi vida, con mi entorno y mi panorama de vida, en mi mundo y en mi naturaleza. Creo que por mucho tiempo has leído la biblia y libros sagrados, y tal vez no has tenido resultados, si no has sido así, tranquilo. (a) porque no eres el único, yo también fui uno de esos. Hasta que me di cuenta que la clave no estaba en libros, sino que la clave estaba dentro de mí. Yo tenía que hacer un cambio de mentalidad, un cambio de vida. Y por consiguiente mi vida se tornó en una iluminación, porque siempre creí que el cambio de vida empieza de adentro para afuera yo tengo que marcar la diferencia. Llego un momento que yo estaba muy afligido en mi vida, yo ya no sabía qué hacer, sentía que nadie me quería ni me aceptaban. Pero de repente escuche una voz profunda que invadió todo mi ser. Y debo aclarar que en ese momento yo no estaba orando o mucho menos meditando, no. Lo único que estaba haciendo era preguntando; ¿esto es todo lo que me han dicho de la vida, no hay nada más? la voz fue más o menos así, bueno al menos eso fue lo que yo escuché. NO TE DEJES LLEVAR DE APARIENCIAS NI DE PALABRAS, SOLO MIRA LO QUE HAY EN TI.

22

Los lobos y las ovejas.

Después de esta experiencia yo he decidido que mi nombre está en un buen lugar escrito, que un día a ese nombre se le otorgara un Oscar, y mucho más. Porque la fuerza divina está trabajando para mí más bien dicho, a mi favor de una manera impresionante. Ahora veamos porque el maestro en este versículo incluye también a los lobos y a las ovejas; porque como dije en un principio estamos en una selva y mientras permanezcamos en esta selva, tendremos que aprender a vivir Y alguien tiene que decirnos como vivirlo.

Una pregunta para ti mi querido (a) lector ¿Cuánto tiempo crees tú, que dilata una oveja en medio de los lobos? Casi no mucho tiempo ¿verdad? ¿Cómo van a dilatar mucho tiempo las ovejas conviviendo con esos animales carnívoros? Cómo es posible que ellos puedan tener un poquito de conversación, si no es así ¿Por qué el maestro nos compara con esos dos animales, especialmente con la oveja? la oveja ni por nada del mundo puede entrar en la manada de lobos, con su traje de oveja, o para querer lucir su traje para que los lobos la aplaudan, o siquiera le chiflen o les silben y le digan Wow que hermosa oveja, que linda te miras con ese traje de pelos. No. no. no claro que no. Ni siquiera se les ocurre tal tontería así van muchas personas en la vida como ovejas luciendo como ovejas, buscando que los lobos las aplaudan y que les digan qué bonito lo hacen, que bien hablas, que bien cantas, que bien dominas ese instrumento, o que bien das las charlas, o que bien vas en los estudios, o que bien, que bien.

Solo buscando la aprobación de los demás, y si alguien no le dice algo, te aseguro que esas ovejitas meten la cola entre las piernas y se van, pero algunas se van hablando como un demonio. Se dan la vuelta y dicen, no me quieren, no sirvo para nada, todos o todas son iguales. Pues claro; como no recibió la aprobación de los demás, allí van por la vida diciendo no soy nadie, mira que estoy muy gorda, o muy flaca, o muy fea, o mira soy morena, o muy chaparra, o muy alta. O que mira la cola chata y no les caigo bien porque no me pelan mira estos senos ya están barriendo el piso; o no soy sabio, que aquel o aquella puede hacer las cosas mejor que yo, yo soy un desastre, o tal fulano puede desempeñar este trabajo mejor que yo. Yo como soy pobre, no como tal fulano puede darse el lujo por qué tiene todo a su favor porque le va bien en la vida.

Y así van muriendo esas ovejas en la vida y muriendo por dentro porque no tienen la valentía de ponerse de pie y darse la probación ellos mismos. Y van por la vida preocupándose por el qué dirán, o por lo que no dirán, como lo van a decir, por donde me van atacar esta vez. A ver ahora viene raro que trae, nunca he visto esta persona así, hoy sí que es mi mal día, hoy no es mi día de suerte etc. Realmente si no tienen la aprobación de los demás ellos no están bien, y si ni deciden hacer un cambio hoy seguirán así hasta la tumba y nunca se darán cuenta, o nunca encontraran el por qué han nacido. Lamentablemente en mi poca experiencia de vida que tengo, he conocido mucha gente así que están a punto de morir y no perdonan, ni siquiera se preocupan a hacer el cambio al final de sus días por Dios. Cuando el señor dijo que tengamos que ser como ovejas in medio de los lobos.

Primeramente como acabamos de ver, primero tienes que cubrirte con la astucia de la serpiente y segundo con la sencillez de la paloma y luego ser oveja y después ponerte la piel del lobo ¿Cómo es que por un lado está la serpiente, la paloma, la oveja, y el lobo? Lo que tiene que hacer la oveja, mejor dicho tú. Primero tú tienes que ser muy astuto, segundo sencillo, tercero oveja, y cuarto lobo. La única manera para que la oveja pueda entrar con la manada de lobos, solamente que esa oveja se vista de lobo. Claro parece extraño pero para hacer lo que tiene que hacer tiene que ser, un agente encubierto, un espía pues. Más adelante en las carta de pablo a los gálatas 5:9 nos dice lo siguiente; se dice que un poco de levadura hace que fermente toda la masa. Bueno pues ¿Qué hace un espía? Un oficial encubierto que va a una operación pero nadie saben de él, solamente sus compañeros. Tú eres lo mismo, para muchos tu solo eres una persona que se pasa por alto, alguien que no vale nada. Pero no saben que están tratando con alguien tan poderoso y peligroso.

Un día se pusieron a murmurara los maestros de la ley los fariseos, saduceo e escribas religiosos; cuando se enteraron que alguien andaba por allí haciendo milagros y cambiando al pueblo. Se dijeron unos a otros, ¿qué puede salir de eso pueblito? Juan 1:45 ¿acaso de Nazaret puede salir algo bueno? Como ves no eres el único, o la única excluida, de la sociedad. Pondrán decir lo mismo de ti ¿Que podrá salir de esa familia? ¿Que podrá salir de ese apellido, que podrá salir de esa cantón, que podrá salir de ese caserío, de esa provincia, de ese pueblo, de esa aldea, de ese rancho? ¿Pero que podrá salir de ese país? pero sabes, que el señor no los escuchó, ni siquiera perdió su tiempo con ellos, porque el tenia algo más que hacer que escucharlos a ellos, porque el savia quien era él. Estaba conectado con su fuente y lo que lo conectaba a él era más fuerte de lo que decían los demás, o lo que no decían de él. Así como el maestro tu sino esté conectado con tu fuente, te garantizo que ahorita lo harás.

Eres una oveja inofensiva pero con ese traje de lobo, tú eres más que fuerte. Por ejemplo; ¿Cómo uso mi traje? Bueno, te daré unos ejemplos, no estoy diciendo que solo allí puedes usar tu traje lo puedes usar en todo. Siempre y cuando uses la astucia y sencillez. Cuando hables con un marero por ejemplo, tú no vas a hablar como cristiano, o budista, o mahometano.

O cundo estés con la gente secular, o cuando estés con diplomáticos, o mal hablados, o con incomprensivos, o ricos, o pobres etc. Tú te vas a adaptar en el ambiente que te rodea, por ejemplo: cuando vas a hablar con alguien de alguna mara, vas hablar como ellos, cuando te juntes con gente secular tú vas a hablar como ellos, pues claro sin mancharte. Porque recuerda que la oveja vestida de lobo eres tú, y los lobos son ellos, recuerda que la masa son ellos la levadura eres tú. Cuando te reúnes con diplomáticos vas a hablar y vestirte como ellos, con el único propósito que donde pones un pie todo va a cambiar no necesitas decirles que hagan un cambio, o que tú conoces la verdad. No. porque si lo haces no les vas alcanzar para su almuerzo. Solo es cuestión que dentro de ti se haya producido el cambio.

Cuando tu estés en estos, o en otros lugares la diferencia no la van hacer ellos, tú vas hacer la diferencia, ya tu no vas hablar como cristiano sino como Cristo lo haría cuando estés en estos lugares u otros. Ya tú no vas hablar como budista sino como buda. Cuando te encuentres en un lugar desesperado, que ya no soportas a la flota, tú no vas a hablar como mahometano, sino como Mahoma. Cuando tu estés en esos aprietos que los demás provocan, y que se prestan para hacerle la vida imposible a los demás, allí tú no sabes hablar como un santo, sino como el santo de tu devoción lo haría, o cualquiera que te inspire, cualquier líder que te inspire a seguir adelante; o Hitler el malo, o cualquier inventor, o pensador. Por ejemplo: (Thomas Alba Edison, o Mahatma Gandhi, Martin Luther King,) etc. Ya tú en ese suplicio ya te conviertes tú. En un líder no en un líder que valla o sea más sabio que ellos, no. Tú serás un instrumento de paz, amor, consuelo etc. Ya más adelante leerás un poco más de estas poderosas palabras la gente no sabe con quién se está enfrentando, en cambio tú si sabes, porque tú ya te conoces ya sabes quién eres.

Eres peligroso que todo lo que tocas queda bendito. ¿Porque oras, o rezas? Claro que no. El simple hecho de estar vivo eso ya dice mucho y cada átomo de tu ser, es bendecido por esa presencia.

Solo es cuestión que tú tomes consciencia de ese maravilloso regalo donde quieras que pongas tu pie, esa tierra queda bendita por el simple hecho que lo hagas todo con la consciencia limpia, cada palabra que sale de tu boca traerá un poder fuera de serie, pero solo tú puedes decidir cómo lo quieres usar. Si lo bueno, o lo malo pero quiero recordarte que sea lo que sea, traerá su fruto a tiempo y lo cosecharás al triple, porque la ley de la siembra y la cosecha todavía está en función. La ley de la acción trae reacción, también está funcionando a tu favor. Nada y nadie te detendrá en este viaje por la vida, vas solo físicamente hablando, o acompañado, con familia, sin familia, con tus hijos, o sin hijos, con amigo, o sin amigos etc.

Pero tú seguirás porque tu vida no acaba aquí, con este problema. Tú vida aquí no termina con esta dificultad, este divorcio, con estas deudas, con esta enfermedad, con este cáncer, con esta separación de tus hijos y familia. Tu vida no acaba aquí tu vida apenas empieza desde hoy finaliza otro capítulo de tu vida e inicias otro etapa, eso es todo lo que está sucediendo no pasa nada. Lo única que está pasando está pasando, es la forma cómo estás viendo el mundo ¿te despidieron del trabajo, por eso lo único que te quedo fue conseguir este libro? Bueno, si eso es así bienvenido (a) abordo estas en el vuelo correcto, en el vuelo que te llevara a tu destino pronto. O tal vez has tenido que despedir un ser querido: que se yo, un hijo, un conyugue, un padre, una madre, un nieto, un suegro, un abuelito, un amigo (a), alguien que tú le tenías mucho aprecio. Déjame te digo, eso es así tu vida como repito, está llegando a un punto que tiene que dar un giro de 180 grados, para que te acerques a la meta. O tal vez es una traición, un adulterio, una fornicación, una infidelidad con la persona que le confiaste tu vida completa, con la que creíste que siempre te iba ser fiel, ahora lo único que ves es divorcio, te ha roto el corazón.

Lo siento Recodártelo. Pero para sanar hay que encontrar la raíz del problema. ¿Sabes qué? Levántate. Vamos afuera, echa un vistazo hay cientos de príncipes azules, princesas esperando por su príncipe, y las princesas esperando por sus príncipes. No te dejes llevar por la experiencia que has tenido. ¿Crees que todos los hombres, o mujeres son iguales? Claro que no, no todos somos buenos o malos, pero también nunca olvides que todos tenemos ego, Y ese ego siempre nos divide del uno del otro y nos hace sentir más que los demás, pero si no tratamos de mejorarlo eso nos destrozará.

Recuerda que si la bronca con todo es tu relación, pues déjame te digo que la pareja perfecta no existe, si la pareja perfecta fuscas, déjame te digo que estás perdiendo tu tiempo la vida se te está escapando, y tu buscando algo que no existe. La pareja perfecta se construye se trabaja; es como la flor hermosa, primero vas a buscar la semilla de esa rosa, primero la compras y después la llevas a tu casa, y luego buscas el lugar donde sembrarla. La siembras, esperas unos días para que esa semilla salga, y cuando empieza a salir, la bella planta está saliendo para deleitar tus ojos. Pero ya cuando haya salido, lo que tienes que hacer es preocuparte para que los insectos no se la coman, o que la devoren a esta hermosa planta que muy pronto llegara a ser la bella flor que tu tanto anhelas observar. Le echas abono, le echas veneno para que si los insectos lleguen se mueran, o se alejen de la planta.

Pero el único propósito el tuyo es al final de todo cosechar la hermosa flor para ponerla donde mejor la veas. Ya en este momento ya tiene dos, tres, cuatro, cinco, ramas y ya estás viendo los capullos de la hermosa rosa. Pero lo que no sabes es que no solamente tus esperas que esa hermosa rosa reviente, sino que también las avispas, y otros insectos voladores, también esperan con ansias esta hermosa flor porque ellos saben la sabrosura que tienen las flores. Al amanecer aquella hermosa mañana y te acuerdas que se te olvidó fumigar la flor, ¿y dime si se te olvido que es lo que miras? Mientras estabas durmiendo el enemigo se acercó a tu planta y ves esto que ves ahora, este es el resultado de un descuido. Y qué tanto tiempo esperaste para solamente ver solo tronco y sobras. A ah así parecido son la relaciones de pareja, esas relaciones que no solamente se llevan dos tres días para construirse, que se yo.

Las relaciones que se llevan días, semana, meses. Años, décadas para construir esa relación. Día tras día, un día a la vez, tener el valor de decir te elijo hoy en medio de tanta mujer hermosa, de tantas mujeres bellas que adornan este planeta, yo te elijo hoy; si volviera a nacer de nuevo yo te elegiría una vez más. O viceversa, rodeada de tantos hombre guapos y que adornan este planeta con su presencia, ¿y me dices que ya no hay hombres para ti? Tene vergüenza. Y si ya lo (a) tienes dile mi viejo, mi amor, o mi gordo, mi flaco, que se yo; como le llames. Yo te elijo una vez más, aun si volviera a nacer yo te vuelvo a elegir y me casaría contigo, te acepto con todas tus virtudes. No sabes cuándo yo le digo esto a mi esposa, es la mujer más feliz del planeta tierra. Pero este tipo de relaciones hay que construirlas, porque del cielo no cae nada, vuélvete peligroso he peligrosa, ¿no tienes empleo? Levántate temprano, péinate bien, perfúmate bien, obviamente te tienes que cambiarte bien y sal a buscar trabajo con esa actitud de ganado (a), si se puede, no regresare hoy a casa mientras que no hayas conseguido trabajo, porque hoy voy dispuesto(a), a encontrar. Y te vas con estas palabra, yo puedo, sé que puedo, creo que puedo, y lo hare.

Yo puedo yo puedo, sé que puedo, creo que puedo, y lo hare. Yo soy ganador, este es mi día. Dios siempre está conmigo, yo consigo todo lo que me proponga, con tal de no dañar a mis semejantes. Y cuando sales con esta actitud nadie te soportara, llegaras hasta la casa blanca si es posible. Si es posible tendrán que hacer el cambio, incluso vas de ganar una actitud que hasta los cielos se detendrán, y dirán los ángeles, un momento. Todos deténganse porque en la tierra, por fin hay alguien que se ha levantado, y ahora si va con todas la fuerzas que yo le he otorgado, para marcar la diferencia, esperamos este momento por muchos años y por fin se despierta. Tú con esa actitud detendrás toda la corte celestial y todos se pondrán a tu servicio, porque por fin te conectas con tu fuente, con la gracia. Y de ahora en adelante ya no eres cobarde, tienes, o no tienes, puedas, o no puedas, quieres o no quieres, buscas, y no buscas, llamas, y no llamas, te abren las puertas, y no las cierran porque nadie más tiene las llaves solamente tú. Y solo tú tienes la autoridad de abrir y de cerrar.

Vamos si se puede, ahora los cielos y la tierra están trabajando a tu favor, incluso la naturaleza está esperando la orden que tú le enviaras; porque la misma energía que mueve las estrellas, el planeta, y la naturaleza, esa misma energía ahora tú las as provocado. Porque esa misma energía está trabajando dentro de ti en este momento, incluso con esta actitud de campeón(a) el cielo se abres a tu favor en este momento, yo lo creo y te reto a que tú también lo creas. Esa misma energía que te formo, te está perfeccionando y sanando tu cuerpo en este momento, solo tienes que creer. Los límites para ti son los que tú te pones. No estoy diciendo que eres un dios, lo que digo es que tienes esas y otras cualidades. Recuerda de no engañarte por tu ego. Tú no eres omnipotente que todo lo puedes, omnisciente que todo lo ciento, u omnipresente que puedes estar en todos lados a la misma vez, no claro que no. Pero lo que si tú eres una pieza perfecta del más perfecto de los perfectos, una obra maestra del que te formó así de hermoso(a) hermosa(a), tal como tú eres inconfundible, irrepetible, eres único,(a).

23

Jesús no hace milagros es tu fe.

Lo que leerás a continuación explotara tu mente, te volara la tapa de la coronilla de la cabeza, bueno diciéndolo de buena manera, ¿de acuerdo? In ingles se llama, this is going to blow out your mind. Déjame te dijo que despliegues tu mente, que limpies tu mente, que vacíes tu mente, y que estés a la expectativa de lo que leerás a continuación. Para que lo que leerás caiga en buena tierra, y esa buena semilla caerá en buena tierra, por consiguiente cosecharas buenos resultados.

Ahora quiero trasmitirte un mensaje poderoso, que sin duda alguna te servirá para tener éxito en todas las áreas de tu vida. ¿Qué es éxito? El éxito es un estilo de vida, físico, mental, espiritual, psicológico etc. esto me parece interesante. Estoy hablando de la fe, Si la fe. Esa virtud maravillosa que cada uno tenemos. Sin importar raza, color, religión, credo, etc. cada uno tenemos ese maravilloso regalo, llamado fe. Algunos la usan bien y trabaja a su favor. Algotros la usan inapropiadamente e igual trabaja a su favor. Sean creyentes, o escépticos por igual tiene fe sin duda alguna.

Cuando digo apropiadamente, estoy hablando que las personas que usan la fe para tener éxito anivela de familia, hijos, matrimonio, escuela, trabajo, iglesia etc. pero cuando una persona usa la fe inapropiadamente, se ponen a sembrar semillas que no tienen idea de lo que están sembrando. Por ejemplo. Confían y ponen su fe en el brujo, o chaman, o espiritista, curandero, o en el que lee las cartas etc. cuando las personas empiezan a creer en estas cosas, las personas suelen estar más infelices y deprimidas. Porque ven que no consiguen lo que les prometen. Viven más incomodas, más frustradas, molestas, enojadas, deprimidas. ¿Por qué? Primero porque en lo que confían o ponen su fe, se dan cuenta que al final solo les destriparon el huevo chuco y les sacaron el dinero y no pasa nada.

Les han prometido riquezas y sus ojos solo ven miseria ¿Por qué? Porque la usaron mal a su favor. Pero en el capítulo de este libro, aprenderás a cómo poner a trabajar tu fe para ti. Y veras que no existen los milagros, los milagros son, y el milagro eres tú. Bueno como dice el capítulo; Jesús no hace milagros. Vamos a citar las sagradas escrituras, para desarrollar este tema muy interesante. Si tienes una biblia te recomiendo que las saques ahora, porque posiblemente la necesitaras. En estos tiempos casi muy poco se nos dice como discernir las sagradas escrituras y muy poco entendemos de ella. Vamos a ver el poder de la fe, y que es fe. La palabra fe proviene del latín FIDES que significa creer ¿Por qué te he querido transmitir, este mensaje titulado, Jesús no hace milagros? Por la sencilla razón que en mis estudios, y en mi experiencia, me he dado cuenta que las personas, no digo todos, pero la mayoría le dejan todo a Dios. Y quieren que Dios se les aparezca sin ellos poner de su parte. Y quieren que Dios les solucionen todos sus problemas sin ellos buscarles la solución. Quieren que Dios les cumplan sus sueños, sin ellos trabajar por ello.

Quieren que Dios se mueva antes que ello, y ellos hecha dotes en su cama sin hacer nada. Pero me he dado cuenta que es al revés, no hay nada si yo no me muevo. En mi punto de vista, y en mi experiencia, te puedo decir que sino abres la llave, o el grifo; te apuesto que nadie lo hará para ti, ni por ti, porque todo es movimiento, si quieres que pase algo, entonces has que suceda. Hace que lo que no fue que sea. Hace que lo que no se pudo, se pueda. Lo que no es, que sea. Y así sucesivamente. No esperes milagros. Según mi parecer no hay milagros, tu eres un milagro y todos los milagros que quieras, o que desees dependen de ti. Mi amigo(a) no hay milagros solo hay recompensas y consecuencias, mejor dicho, cosecha. En los versículos siguientes veras, que Jesús no hace nada antes que no pongas tu fe.

Lucas 8:48 Jesús le dijo tu fe te ha salvado. ¿Cómo es que le dijo? Leámoslo otra vez tu fe te ha salvado. ¿Qué le dijo Jesús? ¿Será que le dijo mi fe te ha sanado? O le dijo ¿tu poquita de fe te ha salvado? ¿Verdad que no dijo? Así Le dijo muy claro ¡TU FE TE HA SALVADO! Te hago una pregunta más ¿Quién le dio a la mujer lo que ella buscaba ¿Jesús? Claro que no. Fue la gran fe inquebrantable que tenía la mujer hacia aquel hombre. Fue la fe inamovible que tenía la mujer hacia aquel personaje. La fe le cumplió los sueños a la mujer.

Mt 20:32-34 Jesús los de tubo y les preguntó ¿Qué quieren que haga por ustedes? Ellos dijeron, señor que se abran nuestros ojos. Jesús sintió compasión y les tocó los ojos y al momento recobraron la vista y lo siguieron.

Pregunta para ti ¿Quién tomó la iniciativa? ¿Jesús o ellos? Si lees unos versículos anteriores, leerás que los ciegos estaban gritando. Y lo que hizo Jesús fue solo tener compasión de ellos. Y todavía esto si es el colmo, viendo como están ellos, le pregunta ¿Qué quieren que haga? Una pregunta que a nuestro parecer es ridícula, porque él sabía que ellos estaban ciegos, que cuando caminaban no miraban, estaban completamente ciegos y en la obscuridad. Y encima les pregunta ¿Qué quieren que haga por ustedes? Esto es el colmo. Algo no anda bien, ¿no se da cuenta que ellos están ciegos? Pareciera que los ciegos no son ellos, sino que aquí el ciego es Jesús. ¿Por qué les hace esa pregunta? Por la sencilla razón que el maestro quería ver la fe de ellos, y si estaban seguros de lo que querían. Te aseguró que si ellos hubieran dicho, no lo sabemos maestro hace cualquier cosa con nosotros. Te aseguró que él no le hubiera devuelto la vista.

Lucas 7:9 al oír estas palabras Jesús quedó admirado, y volviéndose a la gente que lo seguía, dijo les aseguró, ni siquiera en Israel he hallado una fe tan grande.

¿Quién se quedó admirado? ¿El centurión, Jesús, o la gente? Ah claro que Jesús. Cuando el observa esa fe, y confianza, y la certeza de sus palabras. Él se sorprendió, y dijo Wow un momento ¿han escuchado eso? Todo mundo deténganse y escuchen lo que les voy a transmitir a esta hora. Algo me ha impresionado y quiero trasmitírselo a ustedes. Es algo que no se ve y se escucha todos los días, es más nunca lo he visto y escuchado. Es más desde donde yo vengo, hasta vergüenza me da, porque mi gente no sé ni que es lo que quieren en la vida. Son especialistas de todo, y maestros de nada.

Pero ni en Israel he visto esto, mis ojos se maravillan al ver, y escuchar esto. Por Dios, el cielo tiene que detenerse y escuchar esto. Escuchen mundo, aprendan aquí hay fe. ¿Entonces qué ocurrió? ¿El maestro fue a su casa o no? Claro que no. Si sigues leyendo, veraz que Jesús hizo lo que centurión quería no lo que Dios quería, sino que el centurión tuvo el valor, y el poder de impresionar al maestro, gracias a su inquebrantable y sólida fe, el centurión sabía lo que quería y lo consiguió. ¿Sabes tú qué quieres? ¿Sabes tú que te hace falta? ¿Tienes idea de lo que necesitas? ¿Tu fe es tan a vil que puede impresionar a Dios? ¿Entonces, quien hizo el milagro? ¿Jesús o la fe del centurión? Claro que fue la fe. Pero lo más importante es saber específicamente que es lo que quieres. Si no te convences y desees aun esto no es verada. De acuerdo, está bien, aquí te va otra cita de las sagradas escrituras.

Mt 17:20 Jesús les dijo, porque ustedes tiene poca fe. En verdad les digo, si tuvieran fe, del tamaño de un grano de mostaza, le dirían a este cerro quítate de aquí y ponte más allá y el cerro obedecería nada sería imposible para ustedes.

¿Qué es lo que dice la fe o Dios? O sea que el hecho que tu fe crezca o disminuya, depende de ti y no de Dios. ¿Está la fe en un lugar que se guardan los tesoros, o está a donde se tira la basura? ¿o la tienes en tu camino para que los demás miren su camino? Querido lector(a) el conflicto está entre Dios y tu fe. Eso es no hay nada más allá. El apóstol San Pablo nos dice que la fe es la certeza de lo que no se ve hebreos 11:1. Si se te hace difícil comprender que los milagros y todo lo que quieras y deseas esta o radica en la fe. Con esta palabra que leerás a continuación te darás cuenta que compartes la misma filosofía de vida. *Mt 13:58 y como no creían en el no hizo allí muchos milagros.* Bueno la traducción de la biblia Jerusalén lo dice más claro. *Mt 13:58 y no hizo allí muchos milagros, a causa de su falta de fe.*

Los presentes no tenían ni idea de lo que estaba pasando o de lo que individualmente querían ellos. Dice no tenían fe. Si hubieran tenido fe, seguramente el versículo no diría eso, sino que seguramente diría, hizo allí muchos milagros porque había fe en el pueblo. Pero al contrario dice eso negativo de ellos. A continuación te daré la respuesta para ver los frutos de tu oración. Pero antes quiero decirte que para el cristiano, Jesús es el centro de la fe; Pero posiblemente tú no eres cristiano e incluso eres escéptico, pero está bien, de que tienes fe tienes fe sin duda alguna. El centro de la fe para otros será; que se yo, buda, Mahoma, krishna. Pero lo importante no es en que, o en quien tienes puesta tu fe. El punto es, ¿cuál es el propósito de tu fe? Pero lo importante no es en quien, o el propósito de tu fe. Pero lo más importante es que si eres específico en lo que quieres lo obtendrás si, o sí.

Todas las religión se tienen su lugar en la cual confiar. Algotros dicen, yo confió en el ser superior, o la mente universal, o el subconsciente. Pero es lo mismo, lo importante es ser específico que es lo que anhelas alcanzar, o tener en el paso de tu vida por esta tierra. Especificar cada punto de tu vida, o que es lo necesitas mejorar, o que parte del terreno quieres cultivar y cual quieres vender. Cuáles son tus sueños, propósitos, metas, objetivos etc. ¿que son, o cuáles son? Estoy hablando de lo que es importante. Cuando me refiero de ser especifico, no me estoy refiriendo en el pasado, o en el futuro. Sino que me refiero que allí donde estas ahorita en este momento, en este año, en este mes, en esta semana, en este día, en esta hora, en este minuto, ahorita no para mañana. Enfócate en lo que si puedes lograr, y obtener. Enfócate en lo que amas, en lo que te hace libre. Porque para que algo salga bien, tienes que amar lo que haces, y hacer lo que amas. Eso te dará el estilo de vida que quieres y mereces. Ahora para que tus ruegos u oraciones, plegarias, rezos sean eficaces. Debes de saber una cosa muy importante, que Dios es un Dios de pocas palabras. ¿De qué estás hablando? ¿Qué Dios es de pocas palabras?

Veraz, Dios en mi punto de vista, Dios solo contesta positiva o negativamente, depende como te dirijas a él.

Si tú te diriges positivamente, el responderá positivamente. ¿Cómo es eso? A ver no entiendo. Te explicare y te diré lo siguiente. Según mi filosofía de vida. Dios ya no trabaja para él, sino que para ti. Si así como lo vez. Algunos lo llaman Dios, Algotros lo llaman subconsciente, algunos lo llaman el ser superior, algotros lo llaman la mente universal. Pero nosotros lo llamamos Dios. Bueno. Como te estaba diciendo que Dios es un Dios de pocas palabras. Él no puede inventar algo contrario de lo que tú inventas, en otras palabras, en vez de que tú te arrodilles delante de Dios, él se arrodilla delante de ti. Así exactamente es, como tú lo está leyendo en estas líneas. Dios te complace con todo lo que tú quieras, y pidas.

Por ejemplo: tú dices, sí; él dice, sí. Si tú dices, no; él dice, no. tú dices, tal vez; él dice, tal vez. Tú dices, no puedo; él dice, no puedo. Tú dices, puedo; él dice, puedo. Tú dices, voy; él dice, voy. Tú dices, vengo; él dice, vengo. Tú dices, soy; él dice, soy. Y así sucesivamente el sigue tus pasos, en vez de que tú lo sigas a él, él te sigue a ti. Tú dices por aquí, el dices por aquí, tú dices este camino es, él dice este camino es. Vuelve a leer esta palabras y veraz que todas empiezan contigo y no con Dios.

Dios o tú creador se convierte en tu servidor. En vez que él te guie, tú lo guías a él. En vez que él te ilumine, tú lo iluminas a él. ¿Por qué, como así, nunca he escuchado esto antes? Dios se pone a tu servicio, en vez de que tú te pongas a su servicio. En vez de que tú le preguntes a Dios ¿cuál es el camino? él te pregunta a ti, ¿dime tu cual es el camino? En vez de que tú le digas ¿Dios a dónde vamos? Él te pregunta y te llama por tu nombre y te dice ¿hey tú fulano a dónde vamos? En vez que esperes que Dios te dé a ti, el espera de ti algo de lo que puedas darle. ¿Así no más? Claro que así nomas como lo estás leyendo. Te voy a dar un ejemplo que creo va muy bien al caso.

El rey y el mendigo.

En una ocasión; en cierto camino pasaba un rey y también cerca del camino estaba un mendigo. Cuando un día el mendigo estaba en una cierta distancia del camino, donde pasaba el rey. En ese momento pasó el monarca y él dijo, "ah ahora ya sé, mañana vendré y me parare en ese camino para pedirle lago al rey. Y no sé, qué me va a dar porque él es millonario". Bueno dicho y hecho, llega el otro día y él se alista para ir a esperar al rey en este camino. Se va y se sienta más o mes en el tiempo que iba a pasar el rey. Él estaba jugando con unas hormigas, cuando de pronto escucha un ruido y levanta la vista, se da cuenta que el rey se estaba ya aproximando a él. Se puso de pie inmediato, y todo nervioso dice, "pero que le pido que le pido, ah ya se dijo, le pediré de todo lo que yo quiera porque él tiene de todo, incluso le diré que, me dé un jalón con su caravana". Mientras él pensaba, fue interrumpido con los trotes de los caballos. Inmediatamente él le dice al rey.

"Mi señor rey; por favor una limosna por favor, necesito que comer y no tengo nada". El rey se le queda viendo y le hace la pregunta "¿de verdad no tienes nada?" A la cual responde el mendigo, "no su majestad, no tengo nada". El rey le pregunta de nuevo "¿Qué es lo que tienes en tu bolsa?" El responde "nada señor". "Bueno" dice el rey, "si tú quieres algo de mí, me tienes que dar tu primero". El mendigo cuando escuchó eso le dijo. "Rey espera, déjame ver que tengo" y mete la mano en su bolsa y saca cinco granitos de arroz, "señor" le dice, "aquí tengo unos granos de arroz". El rey le dice "ah verdad que tenías algo". El mendigo saca 5 granos de arroz y se los da al rey. El rey los agarra y se los da de regreso y se retira. Cuando el mendigo se da cuenta que solo le da los grados de arroz y se va; dice, "pero que pasó mi rey no me dio nada". Y el rey ya no le escuchó. El mendigo se quedó solo él y sus 5 granitos de arroz. Se fue decepcionado para su casa, sabiendo que ese día avía sido un desastre. Cuando llega a su casa, pone su bolsa en un banquito y se sienta cerca de ella; pensado que fue lo que pasó. Se decía en silencio. Mientras pensaba se le ocurrió meter la mano una vez más en el bolso, y cuando mete la mano la sorpresa que los 5 granos de arroz que le avía dado al rey se avían convertido en oro. Y el cuándo se dio cuenta dijo, "¿pero qué es esto? Porque no le di todo al rey, si yo no solo tenía 5 granos de arroz, sino que tenía una libra de arroz". Y con ese despreció se dio cuenta que para recibir hay que dar.

Querido(a) lector. Posiblemente esto a ti te diga muy poco. Pero a mí me dice mucho. El rey tipifica a Dios y el mendigo tipifica y ti, y a mí. Como leerás a continuación, cuando pidas se muy específico, porque el pedir no es solamente pedir. Porque cuando pides se desencadenan poderes espirituales, que ni tu ni yo tenemos idea cómo funcionan. Pero si no especificas exactamente qué es lo que quieres, no provocaras un caos espiritual. Pero si especificas que es lo que quieres conseguir en la vida, no tendrás ni la menor duda que tu oración va a ser contestada sí. Déjame preguntarte ¿Qué quieres en la vía? ¿Cuáles son tus sueños? ¿O qué camino llevas, o que camino te gustaría seguir? ¿Eres capaz de responder positivamente? Si tú puedes responder estas y otras preguntas en tu vida, entonces es que sabes para donde es qué vas.

Pero si no sabes, y ni tienes idea de lo que haces, o que es lo que quieres. No hay problema te daré la clave, de cómo las cosas pueden trabajar a tu favor. Si. por supuesto si tu estas dispuesto(a) de asumir el riesgo, y la responsabilidad que esto requiere. Repito. Para tener algo productivo en la vida, tienes que ser específico. Por ejemplo, si quieres ser una buena persona y ya no quieres ser como eres, aquí viene la pregunta ¿Por qué quieres cambiar, o ser diferente que ahora? Bueno, tiene que ver una respuesta específica. Tal vez quieres cambiar porque vistes la necesidad de hacerlo, o que quieres ser un mejor padre, o madre, o hijo, conyugue. O una persona digna de ser imitada por los demás. Como lo vez es algo específico, aquí Dios ya puede hacer algo por ti. O tal vez quieres una casa, una familia, un auto, un trabajo, una empresa, dinero; o quieres ser millonario, o quieres estudiar, o graduare de cierta carrera, o quieres emigrar a otro país. O quieres se motivador, o predicador, o cantante, o escritor, pintor, bailarina, diplomático, o doctor, alcalde, diputado, presidente, poeta, chofer de aviones, casarte, tener hijos. Sea lo que sea que quieras convertirte, u obtener se especificó. Y en todos los casos aste estas preguntas y por supuesto que las respuestas tú las encontraras. Asegurarte que las respuestas sean positivas, para ti y para el mundo y que tengan un propósito profundo. ¿Por qué quiero hacer esto? ¿Para qué quiero hacer eso, o alcanzar eso? ¿Cuál es el propósito de eso? ¿Qué beneficios tiene para mí, y el mundo? ¿Por qué tengo que alcanzar esa meta? ¿Por qué debo alcanzar esa meta? ¿Por qué tengo que caminar por ese camino? ¿Cuál es el propósito? ¿Se beneficiarían mis familiares, el mundo con esa empresa? ¿Por qué debo casarme con él, o con ella? ¿y que pasara con el mundo abra alguna diferencia, marcare la diferencia con esto? ¿Por qué tengo que hacerlo? ¿Por qué debo de escucharme?, encuentra por qué y él para que de las cosas que quieres alcanzar, o en el quien te quieras convertir. Déjame te digo que sea lo que sea no vaciles al respecto. Asegurarte si te conviene adelante con fe, con convicción, con entrega, con perseverancia, con constancia, con pasión, con emoción, con disciplina. Como veraz que las personas que acabas de leer en las sagradas escrituras. Como la mujer, los ciegos, el centurión, y la fe. Ellos no vacilaron en pedir, obtener lo que querían.

24

Los 5 personajes de fe en acción.

1 la mujer.

En este pasaje la mujer cuando se dio cuenta que ningún médico le encontraba la cura a su enfermedad. Ella nunca perdió su fe, esa fe dócil que siempre tuvo. Cundo escuchó que la sanación estaba por allí en la ciudad. El ya savia lo que quería, estaba convencida de lo que anhelaba alcanzar en su vida. Sin vacilar, ella caminó hacia la respuesta, sin importar la gente y la multitud. Como vez ella rompió con la fuerza natural y se aferró a su fuerza espiritual. Ella estaba segura que si caminaba lo obtendría. Ella con la fe que tenía podía mover montañas, y lo hizo. Ella no dijo ahora que lo pieza hay mucha gente, y me han dicho que no funciona. Con la fe que tenía nadie la podía detener.

2 Los dos ciegos.

Como leíste en las sagradas escrituras. Parecido un poco a la multitud, ellos tenían en contra de ellos, las voces de los discípulos, o el rechazo de los discípulos, que le decían cállense no molesten al maestro. Entre más se lo decían, ellos seguían gritando. Porque estaban seguros con lo que anhelaban conseguir. Y con la pregunta de los maestros ellos no vacilaron. ¿Qué quieren que haga por ustedes? Cundo ellos escucharon esta pregunta, no dijeron, ha déjanos ver es mas no platicamos al respecto, déjanos conversarlo en familia, y después te diremos que es lo que tú puedes hacer con nosotros hoy. Tampoco le dijeron, sabemos que no tenemos vista pero, pero tampoco tenemos casa, ni familia, mucho menos trabajo. Así que vamos a escoger entre todo esto, a ver que escogemos, al final ya nos acostumbramos así ciegos.

Como vez la pregunta fue directa y una sola pregunta. ¿Qué quieren que haga por ustedes? Y como era solo una simple pregunta, ellos tenían que estar seguros de lo que iban a decir. Espera, ahorita que me acuerdo también tengo otro hermano que también esta siego, mejor pediré para él, él lo necesita mejor que yo, bueno yo soy muy humilde. Claro que no dijeron eso, ellos instantáneamente dijeron, que senos abran los ojos. Tenían seguridad y convicción de ellos era poderosa, sabían específicamente que era lo que querían. ¿Sabes tú lo que quieres?

3 El capitán, que tenía un sirviente muy enfermo.

Si lees los versículos anteriores, veraz que era un capitán, o un centurión que tenía un centenar de soldados a su cargo. Este hombre conocía la autoridad y el poder de una palabra dicha con convicción, pasión, poder y fe. Y todo esto lo tenía este hombre llamado Jesús de Nazaret. Y los ojos del capitán lo pudieran identificar, o descubrir. El capitán cuando escuchó el aviso que allí venia el maestro, no dijo ah viéndolo bien mi hijo está enfermo, y mi esposa le duele los huesos. En vez de pedir por mi siervo, pediré por mi familia, al final pediré por mi siervo al fin y al cabo que no es parte de mi familia. Claro que el no dijo eso. Él estaba completamente seguro de lo que quería, específicamente él sabía que era lo que necesitaba el sirviente, estar sano. No vaciló tan poco.

4 La fe del tamaño de un grano de mostaza.

Aquí en este pasaje, el señor aclaró el poder de la fe. En pocas palabras dijo, o quiso decir; todo lo que quieran en la vida lo obtendrán con tal que tengan fe y crean profundamente que lo pueden alcanzar. Y lo que pidan créanlo que ya lo han recibido, y lo obtendrán. Recuerdo hace unos años en los estados unidos, yo trabajaba para un jefe y hubo un instante que dije, si él pudo, yo también puedo. Y en ese momento me sentí seguro de lo que iba hacer. Lo único que me faltaba era decírselo a Dios. Yo quería una compañía propia por la cual trabajar. Y le dije a Dios quiero una compañía y él me preguntó "¿para qué?" Y yo le dije es que ya no quiero trabajar para alguien más. Y él me dice "¿tú crees que puedes hacerlo?" Yo le digo, claro que si lo puedo hacer. Y le di todos los porqués, y los para ques de la compañía. Como a los dos meses me puse a trabajar por mi compañía, y como a los 6 meses teníamos ya montada nuestra compañía. Y ahora después de unos años, trabajo para mí en mi propia compañía. Gracias a Dios y a mi fe. Cualquier cosa que quieras en la vida, lo obtendrás con fe. Vive como que si ya lo tuvieras y veraz que aceleraras el proceso con tu fe.

5 No creían en él.

Aquí dice que él no pudo hacer milagros, porque no creían en él. En pocas palabras, no creían que lo imposible podía ser posible. Que lo que no era, podría ser. No creían que lo invisible, podía hacerse visible. Que lo que no era, podría ser. Mejor dicho; Jesús les dijo, no puedo hacer nada porque no confían en ustedes. Ustedes creen que son poca cosa. Ustedes no creen que pueda abrir los cielos a su favor. Ustedes no creen que sus sueños no se puedan hacer realidad. Ustedes creen que sus metas son imposibles. Ustedes no son capaces de ver más allá de sus narices. Y todo es imposible para ustedes. Y lo que es imposible para ustedes, también es imposible para mí. Y lo que es posible para ustedes, también es posible para mí. Lo que ustedes ven, eso es lo que yo veo. Y lo que ustedes no ven, tampoco yo puedo ver. Los caminos que para ustedes son imposibles, también para mí son caminos imposibles, si ustedes no creen que pueden ser sanos, tampoco yo lo creo. Si ustedes creen que no pueden ser felices con esa familia, matrimonio, empresa, trabajo, sociedad, iglesia, hogar, dinero, vecinos, riqueza, pobreza, profesión, ese puesto, ese país tampoco yo lo creo, que puedan ser felices. Algo parecido a ti, y a mí no.

Tu fe no trabajara para ti, si a estas alturas todavía estás haciendo castillos en el aire. Pontee metas grandes donde Dios quepa. Sueña en grande para que Dios quepa. Piensa en grande para quien Dios quepa. Que tus propósitos y objetivos sean grandes para que Dios quepa. Piensa en grande para que Dios quepa. Pero que sean lógicos y alcanzables. No digas que quieres una casa, como la casa blanca, si tú sabes que no lo puedes conseguir, y estás alquilando un cuarto por ahora. No digas que quieres ser millonario, si ahora estas sentado esperando que los millones te caigan del cielo y tu sin hacer nada; por favor no me digas.

Voy a hablarte literalmente y espero que me comprendas. La tierra para hacerte millonario, es la tierra que tú pisas ahorita, si, ahorita. No es necesario que te vayas a la chica, o a la chana para hacerte millonario. Si no puedes triunfar donde tu estas, aste esta pregunta ¿si no puedo triunfar aquí, a donde podría? Cuando llegues al cielo, te vas acercar a Dios, y le vas a decir "¿señor y no que tú eres tan poderoso, y tanto que te rogué, yo no obtuve todo lo que quería?" Dios te contestará diciéndote. "Yo te dí la tierra, si no tú vistes nada, no fue mi culpa. Fue tú problema por haragán no tu vistes nada, te pasaste la vida mendigando, teniendo un tesoro en tu tierra".

Lo que siembras cosechas. Gálatas 6:7.

Ahí está la respuesta, porque todo lo que tú y yo sembramos, pues eso cosechamos.

Siempre se ha de cazar la pieza mediante una sola bala. Hacerlo con dos es una chapuza. Siempre se lo digo a todos, pero nadie me escucha. Todos pagamos un precio por las acciones que realizamos en el pasado, ¿pero cuando ha sido suficiente? Si no formas parte de la solución, lo eres del problema. Si no, sólo formas parte del paisaje. En un casino la primera regla es hacerlos jugar sin cesar y conseguir que vuelvan. Cuanto más tiempo jueguen más dinero pierden, y al final nos lo quedamos todo. Hay dos maneras de hacer las cosas: la correcta, la incorrecta. Soy como Dios y Dios es como yo, soy tan grande como Dios, él es del mismo tamaño que yo, no está por encima de mí ni yo estoy por debajo de él... porque yo soy él, y el soy yo.

La diferencia entre yo y el predicador es que el predicador trabaja para Dios... y yo y el uno somos. Tengo una mente anticuada respecto al honor: 'ojo por ojo' y cosas así. Den un escenario a este toro donde pueda demostrar su bravura, pues aunque lo mío es pelear más me gustaría saber recitar... "ESTO ES ESPECTÁCULO". Esto es espectáculo.

Me gustaría hacerlos sentir vibrar cuando me oigan recitar a Shakespeare. Un caballo, mi reino por un caballo, llevo seis meses sin ganar una apuesta se llega más lejos con una palabra amable y el perdón, que sólo con una palabra amable. Si hay duda, es que no hay duda.

No te ates a nada que no puedas dejar en menos de 30 segundos cuando la poli te pisa los talones. **¿Me estás hablando a mí?** La soledad me ha perseguido siempre. A todas partes. En los bares y en los automóviles, calles, tiendas... en todas partes. No tengo escapatoria. Soy el hombre solitario de Dios. Y con Dios nos volvemos uno.

25

DIOS NO EXISTE.

Ahora quiero transmitirte un mensaje muy controversial. Es más, tocare, o leerás varios temas. Posiblemente si eres un creyente, o si no lo eres no hay problema. Porque después de esta lectura la expectativa acerca de Dios será diferente. Posiblemente en la siguiente lectura cambiara tu creencia de Dios, o va afectar tu teología. Pero recalco que ese no es mi propósito. Mi propósito es solo poner un mensaje motivador en tus manos. Seas lo que sea tu creencia, te va hacer de importancia que leas lo que te voy a transmitir en las siguientes líneas. En estos días, como dicen algunos por allí que estamos en los últimos días. Pero ese yo no lo creo que estamos en los últimos días, porque viéndolo bien todos los días son los últimos días. Pero también todos los días son días nuevos. Cada día que nace es como un niño que nacen cada cierto segundo al día. Querido lector(a) posiblemente has adquirido este libro para inspirarte, o para inspirar a otros.

Si eso fue así déjame te digo que has escogido el mejor libro para inspirarte a ti y a los tuyos. No solo espiritualmente, sino que también mentalmente, religiosamente, familiarmente, matrimonialmente, económicamente etc. los más importantes es que te abrirá los ojos, sino lo ha hecho a un. Mi propicito como motivador y escritor es que cada uno(a) que lea mi obra, o que escuche mis sean iluminados. Y que esos mitos que por años, o décadas venimos arrastrando, y por consiguiente la gente que está atada a mitos, creencias, verdades incorrectas etc. esa gente no progresan, no crecen, no se superan, no hay frutos en sus ramas, se ven solo hojas y no hay nada en ese árbol. Mejor dicho es solo Ruido, y la carreta que hace más ruido, es la carreta que está vacía. ¿Por qué? Porque nos hemos acostumbrado, o mejor dicho te has acostumbrado a seguir a los demás y creer en lo que los demás creen, caminar por el camino donde los demás caminan, y ver con los ojos de los demás. Mejor dicho has tenido miedo de salir de tu pocilga, no has tenido el valor de tirarte tu solo. Y sigues atascado(a) en ese entorno obscuro, has tenido miedo de salir del closet.

Y cuando no tomas la decisión de salir lo que haces es ponerte máscaras, y la mejor mascara que la gente se puede poner es, la máscara de la religiosidad, la máscara de lo santo. Pero realmente cuando te miras a fondo, te das cuenta que solo estas apantallando. Haciéndole creer a los demás algo que tú no eres. Te das cuenta que todo este tiempo lo único que has hecho es complacer tu ego, tu orgullo.

Con esa mascara que cuadro te conviene te la pones, y cuando te conviene te la quitas y tu vida se convierte en un desorden. En una vida que cuando no encuentra lo que la satisfaga, o la aplauden, no está feliz y sigue con esa mascara. Con la máscara del fundamentalismo, que lo que ella dices es lo correcto, no lo que los demás digan.

Y dicen donde es negro es negro, donde es blanco es blanco. Y no se dan la oportunidad de aprender nuevas cosas, nuevas costumbres, nuevos propósitos. Y se sierran a creer algo más. Y el problema es que, bueno puedo llamarle problema, porque esta persona no lo ve así. Esta persona no se queda con su mala semilla, sino que la transmite y derrumba a los demás. Y les hace creer a los demás que lo que le dijeron es lo correcto, no lo que esta persona cree, ¿Qué pasaría que lo que sabe no es lo correcto? Pero esto no le importa, porque ha crecido en un ambiente frustrante, o con creencias ironías. No estoy diciendo que son creencias malas, lo que digo es que son incorrectas, y si no se da la oportunidad de explorar otro terreno, llegara a la tumba como dice mi madre terco como la mula. Bueno es una forma para decir, despierta tú que duermes. Al iniciar este capítulo titulado Dios no existe, pensé que es tiempo de aprender algo nuevo, ha cerca de la creencia a Dios. Porque muchos alrededor del mundo, mejor dicho todos los humanos nos inventamos dioses ¿Por qué lo hacemos, o porque el ser humano tiene que andar creyendo en tal, o x dios? Sencillamente comprensible.

El ser humano por naturaleza es de pendiente, mejor dicho que tiene ese sentimiento de depender de algo, o de alguien, sino no está contento, o satisfecho. Espera que la felicidad, por poner un ejemplo simple, le venga de eso, o ese dios que se ha inventado. Y cuándo se da cuenta que no fue como este individuo quería suele abandonar el Ring, y se mete en otro Ring. Está buscando la felicidad, o buscando de donde depender, de alguien más, o algo más. Y así sucedidamente el ser humano va por la vida, buscando de donde depender. Cuando esa de pendencia se torna en un hábito suele lastimar, o dañar la otra persona, los manipulan, los engañan, los hieren etc. No les importan los demás, porque solo buscan su felicidad, sin importar en daño que hagan. Con tal que él, o ella sea entra comías feliz. Eso muchas veces lastimosamente pasa en las familias específicamente, en los matrimonios. Se casan supuestamente para ser feliz, a la otra persona pero realmente no es así.

De se unen solo por cumplir con el ego y solo complacerse a ellos mismos. Cuando se han complacido y han tenido lo que ellos han querido, se dan cuenta que eso no los llenó. Y ahora tienen que buscar algo más, o alguien más para que ellos supuestamente sean felices. Se dan cuenta que la pareja con la cual están, fue un error haberse juntado con esa persona, y se buscan a otro y consiguen lo que quieren. Y cuando miran que no funciona a como ellos lo esperaban, lo dejan, o la abandonado. Y así sucesivamente van por la vida buscando. El ser humano por naturaleza esta en busca, y busca y busca. ¿El buscar es malo, o incorrecto? Claro que no es malo. Nosotros estamos hechos para buscar. El mismo Jesús lo dijo.

El que busca encuentra m t 7:8 ¿Por qué el buscar, y buscar es bueno? Porque solo buscando es que se encuentra todo lo que gustas, es decir todo se encuentra buscando. Pero cuando buscas la intención de ser feliz, satisfacer tu ego, o solo buscas para engrandecerte, o buscas que los demás te aprueben tu vida, o lo que quieres en la vida. O buscas a los demás para que ellos aprueben tus sueños, metas, propósitos etc. entonces si buscas y buscas lo que a ti te da supuestamente la libertad. Pues déjame te digo que eso si es incorrecto, pero eso es buscar claro que sí, pero no en el concepto divino.

Las sagradas escrituras se refieren del buscar al más hay, ver más allá del horizonte que Refleja la luz, que pasa otra vez de ti para iluminar a los demás, porque tu vistes la agallas de detenerte en la vida, y mirar así al norte, donde Realmente están todas las respuestas, a todas tus preguntas. Sigues abriendo más tus ojos para seguir viendo esa poderosa luz, que es tan fuerte que tus ojos no son capaces de ver porque su esplendor quema la vista. Pero si permaneces viendo, te apuesto que abra un momento que tendrás la habilidad de poder ver esa luz, no solamente verla, sino traerla para el mundo cuando. Perseveras, la recompensa es grande.

El siego y los cazadores.

En cierta ocasión estaba un siego en un pequeño pueblo. Pero también en ese pueblo Vivian unos cazadores y una noche de esas de tantas, era de esperarse que estos cazadores, se fueran a cazar y una noche de todas las anteriores. Pero esa noche tenía que ser diferente que las otras noches. Y a media noche se les quemaron sus linternas que utilizaban para iluminar el camino. Obviamente ellos no podían caminar, porque en esa montaña todo se tornó en obscuridad y se pusieron a discutir, que porque no habían llevado recarga extra, que si lo hubieran hecho posiblemente no hubieran tenido esta mala experiencia.

Mientras la noche transcurría, ellos seguían echándose la culpa el uno al otro, sata que tenían que culparse todos por este incidente en un momento de dijo uno de ellos saben que en vez de estar discutiendo porque no se callan y buscamos la solución, Y todos guardaron silencio. En esa gran montaña ellos se sentían completamente solos y perdidos. Pero en un momento uno de ellos se quedó viendo a lo lejos. Y divisó a lo lejos que se movía una luz, y les grita a sus compañeros y les dice, miren, miren una luz, vamos caminando hacia esa luz e miremos quien es e iniciaron la caminata en esa tierra tan obscura. Cuando ellos se iban acercando a la luz, se dieron cuenta que la luz se estaba moviendo. Pero lo Raro era que esta luz se movía, y no podían ver quién era, porque hasta ahora no saben quién es ni tampoco saben que hace allí, y a esta hora. Ni tampoco sabían que era lo que estaba haciendo este desconocido allí y a esa hora.

Los cazadores seguían caminando y la luz se iba acercando poco a poco, los cazadores muy curiosos, así como esta tú ahorita. Querían saber quién Rayos era, o quién diablos es. Llego un momento que pudieron localizar a la persona que iba caminando. Pero todavía no la podían identificar. Caminaban más rápido, hasta que uno de ellos les dijo miren, miren quien es nada más y nada menos que el siego del pueblo. Se le acerca uno de ellos y le hace la siguiente pregunta ¿Qué haces aquí a esta hora, y que haces con esa luz si tú eres siego? Tu no necesitas la luz, es más para ti no existe la luz, solo la obscuridad porque no miras, el ciego cuando escuchó eso les dijo, miren ustedes como bien saben que yo no veo, pero cargo mi luz no para ver yo, sino que para que vean los demás, ese es el propósito de mi luz. Solo asegurarte que tu luz ilumine a los demás. Volvamos a la búsqueda. El hombre como dije hace un principio, a mediados de este capítulo que el hombre por naturaleza es buscador. La gente creyente coma la gente escéptica, son buscadores el creyente busca a su manera, y el escéptico a su manera. Pero al final los dos grupos buscan, según sus circunstancias. Pero lo que te quiero decir es animarte a seguir buscando. Te insto, te empujo a buscar no te detengas. Pero ahora asilo diferente que ayer, incluso como lo hiciste hace ratos. ¿Por qué darme la idea que Dios existe? Muy fácil, porque cuando yo pienso que Dios existe, entonces ya no me preocupo tanto por mis responsabilidades personales, maritales y familiares.

Porque cuando digo que Dios existe, entonces lo que hago en la vida es, dejarle todo a él y yo adonde quedo.

Porque el pensar que Dios tiene el control de mí, de mis responsabilidades, de mi familia, de mi trabajo, de mi mundo completamente, entonces a donde tengo que poner lo que hay dentro de mí estoy pintado o que ¿o será que lo único que tengo que hacer es tener fe y que las cosas caigan del cielo? El darme la idea que Dios no existe, pienso que ahora a mí me toca y no a él. Un día yo estaba frustrado, muy frustrado y le grité a mi creador, y le dijo porque a mí, por favor has algo.

Y escuché una voz dentro de mí que me dijo, mira yo ya hizo algo, te hizo a ti. Ahora es el momento para que tú hagas algo. Eso me dio a entender que el señor ya hizo lo que tenía que hacer. Ahora nos toca a ti y a mí que hagamos algo. Al darme la idea que Dios no existe, eso me hace levantarme como un Rinoceronte con coraje, y dispuesto a lo que venga. Listo para la carga, como ese animal que donde quiera, y cuando quiera está listo. Y cuando llegue el momento decir presente hace Ratos observa para esto, y pensar que Dios no existe me da la pauta que mi vida ni depende de alguien más sino de mí mismo. El pensar o darme la idea que Dios no existe, me transforma en un león.

El león, y la gacela.

Todas las mañanas en África, despierta una gacela, pensando que si no es lo suficientemente rápida, se convertirá en el alimento del león. Pero también todas las mañanas en África, amanece un león, pensando que si no es lo suficientemente rápido esa mañana no comerá gacela. Así es mi querido(a) lector, tú decides gacela, o león. Pero de que tienes que correr tienes que correr no importa lo que pace, pero será uno de los dos, no hay opción. El pensar que Dios no existe, eso me responsabiliza el cien por ciento de mi familia, de mi matrimonio, de mi trabajo, de mi vida etc.

y el saber que no dependo de nadie, eso me responsabiliza de todo, porque todo lo9 puedo en aquel que me fortaleza. Porque como veras que hacemos, o que es lo que hacemos con Dios, cuando suponemos que lo conocemos. Dios encárgate de mi familia, Dios encárgate de mi trabajo. Dios encárgate de mi matrimonio, Dios encárgate de mí pobreza, Dios dame, Dios dime, Dios ayúdame, Dios cuídame, Dios guíame, Dios protégeme, Dios te pongo mi compañía en tus manos, Dios háblame, Dios no sé qué hacer, Dios no sé porque pasó, Dios no sé porque a mí, Dios sáname, Dios dame paz, Dios no sé cómo hacerlo, Dios, Dios, Dios como que si Dios te puso aquí en esta tierra, o en esta selva, y te dijo, mira aquí te dejo yo me voy a salvar a qué los que están siendo comida de los malvados. Claro que no. ¿Qué tienes que escuchar, o cuánto tiempo más necesitas para entender que Dios te cuida mejor que tus padres? Es tiempo de que digas, ya vasta no soy un niño, no soy una niña, yo tomo mis responsabilidades.

Cuando tienes la filosofía de la vida espiritual de que Dios no existe. Eso te da la pauta para que seas más responsable, más amable, más sereno (a) más lista, más astuto, mas humildad etc. tu eres un ganador, y los ganadores no se quedan allí parados, o ganan un campeonato y dicen ya fue suficiente, no claro que no. Ellos siguen practicando para ganar el "próximo Round", o se tiran arriesgarse la vida si es posible no lo pensaban dos veces para hacerlo. Si tú eres una de las personas que usa a Dios como santa Claus, o conoces a alguien que lo trata así, o dicen creer en Dios solo para manipularlo, dices creer en Dios solo con la excusa, de no asumir tu toda responsabilidad de tu vida y tu mundo.

Entonces llego el momento y qué bueno que te distes la molestia de leer este libro, y con esta obra estoy seguro que tu vida será diferente, si no lo es a un. Hablando de que

Dios no existe no es una realidad la cara de la otra moneda la veraz ahorita. Es de la forma espiritual, mental y al automáticamente Dios no existe.

DIOS ES: ¡Cómo que Dios es! Claro Dios es más que un objeto, más que una prenda, es más que un Rito, es más que las imágenes. Es más incluso que la biblia, Dios es más que tu herencia de Dios. Dios es presente, Dios es santo, Dios es amor, Dios es amor, Dios es paciencia, Dios es misericordia, Dios es perdón, Dios es gozo, Dios es sabiduría, Dios es comprensión, Dios es unión, Dios es omnipresente, Dios es omnisciente, Dios es omnipresente. Dios es luz, Dios es agua, Dios es fuego. Dios es unidad, Dios es espíritu, Dios es padre, Dios es un hermano, Dios es un amigo, Dios es rico, Dios es millonario, Dios es obscuridad, Dios es tu siervo, Dios es rey, Dios es vida, Dios es salvador, Dios es Dios, Dios es libertad, Dios es purificación, Dios es consumidor, Dios es sanador Dios es libertador, Dios es purificación, Dios es consumidor, Dios es consolador, Dios es respuesta.

Dios es pregunta, Dios es intuición, Dios es victoria, Dios es poderoso, Dios es inquebrantable, Dios es inamovible, Dios es sólido, Dios es hogar. Dios es refugio, Dios es puerta, Dios es creador, Dios es guerrero, Dios es furia, Dios es infinito. Dios es eterno, Dios es medicina, Dios es triturador, Dios es entendimiento. Etc.

Podemos seguir observando lo qué es de Dios, pero son incontables. Que dijiste ¿este no es creyente? Claro que si lo soy. Ahora déjame decirte. En vez de decir Dios es, sustituye el nombre de Dios, por el tuyo. Detente aquí, volver a leer los es de Dios, y pon tu nombre. En vez de decir Dios es, decir yo soy. Aunque no califiques, pero tu hazlo para que tu espíritu y tú se conecte con su creador otra vez de lo que es de Dios. Pero dilo despacio, Respira profundo muy calmado(a) manteniendo ese espíritu de la lectura. Deja que la magia del poder te visite, y que en este momento sean uno solo. Por ejemplo yo, y luego dices tu nombre. Yo tal fulano, fulana soy más que un objeto, yo soy más que las imágenes, yo soy más que la biblia, yo soy paciencia. Yo soy paz, yo soy amor. Y así sucesivamente hasta que finalices con todos los es de Dios. Bueno podrías salir con barias teorías, pero esté bien cada uno es libre de escoger. Ahora veamos lo que existe, existen los sapos, existen los seres vivos etc. Dios es. Date la idea que le asumimos a Dios algo que no tiene sentido. En este tiempo yo creo que hay que tenerle más respeto a Dios, porque en todas las religiones se habla de Dios, y en todos los pulpitos se dice de Dios, se comenta de Dios pero de qué dios hablan, será el verdadero, o es un Dios inventado, o un dios que les transmitieron, o un dios de sus antepasados? Porque muchas personas de baria religiones pueden decir que la fe se transmite, o el creer se trasmite, o Dios se trasmite etc.

como que si Dios, fe, y creer fueran energía humana. Claro que eso y todo lo que hable del espíritu no se transmite. El hecho que naces en una iglesia no te hace cristiano. El hecho de nacer en un grade no te hace un auto. Dios, la fe, creer solo se descubre por sí mismo, es decisión personal, es decir nacer de nuevo. Muchas personas dicen que saben de Dios, que conocen a Dios etc. ¿pero qué hacen con ese supuesto dios que conocen? será que solo lo conocen del diente al labio Cuando una persona que dice que conoce a Dios, lo primero que le digo es, como le has hecho dame la clave. Porque el decir que conoces a Dios, lo que me estás diciendo es que ya su vistes a la altura de Dios.

Felicidades porque eres el primero que sabe semejante respuesta. Muchos aparentan tener a Dios, y sabes que la mayoría de religiones tienen a Dios en una maseta, o en un ritual, en una estatua etc. allí lo tienen y piensan que ese es, y lo encierran en su entorno. Como ya están en serrados ello, quieren a alguien que le acompañen, y entonces encierran a Dios a su parecer.

El niño y san Agustín.

En cierta ocasión en que el glorioso doctor se hallaba en África, mientras iba paseando por la orilla del mar meditando sobre el misterio de la trinidad, se encontró en la playa con un niño que había hecho un hoyo en la arena con una pala. Con la pala recogía agua del mar y la derramaba en el hoyo. San Agustín al contemplarlo se admiró, y le preguntó qué estaba haciendo. Y el niño le respondió: quiero llenar el hoyo con el agua del mar ¿Cómo? Dijo san Agustín, eso es imposible ¿Cómo vas a poder, si el mar es grandioso y ese hoyo y la pala muy pequeños? Pues si padre, le contestó el niño, antes llenare el hoyo con toda el agua del mar que tu comprendas la trinidad con el entendimiento. Y en ese instante el niño desapareció.

Mi querido(a) lector la pregunta no sería quien es Dios, o donde esta Dios, o conozco a Dios o no. La pregunta sería ¿Qué haces con la teoría que tienes tú que según es Dios? ¿Cómo vives solo con la teoría, o la encarnas en tu vida, en tu entorno, en tu familia, en tu trabajo, con tus enemigos, en pocas palabras en toda tu vida? mí querido(a) lector si el agua del mar no clave en un solo hoyo, entonces tampoco Dios cave en una teoría, es mas no clave en una religión. Si tú te llamas creyente, entonces dentro de ti, tienes que trabajar arduo, para que no exista la división, tampoco la apariencia.

Porque en el corazón de tu creador hay solo libertad y él no tiene distinciones. Él tiene una sola creencia de ti, que eres a su imagen. Y por consiguiente en el tuyo y en el mío, debe de anhelarse lo mismo que el anhela y hacerlo visible a este mundo, y no dejarlo en la obscuridad. Para que la luz del ser infinito, o de la mente universal, la tengas presente especialmente en tu vida en vez de tener la libertad, primero de escoger la, o al menos reconocer que hay una luz más haya. Segundo tener la consciencia, o la certeza que tienes la libertad de elegir, o escoger. Tercero ponerte en marcha en busca de. En todas las religiones y en toda la historia hay incontables ritos, o formas de poder de poder encontrar el ser, es decir a Dios.

Y la forma que por siglos se ha venido practicando es uno la oración y dos la meditación, o la contemplación. Primero ¿Qué es oración? La oración es un rito, o forma de dirigirse a su ser superior, o a Dios. Es una forma de conversar pero te has dado cuenta cuando se usa la oración, o como se usa bueno cuando era niño Recuerdo que mi padre decía todas las tardes, ya está entrando la oración, en vez de decir ya va a entrar la noche, o está entrando la tarde y se aproxima la noche. Él decía hagan las cosas antes que entre la oración, porque después do se podrá porque entra la noche y de noche no se puede hacer mucho. Eso me pone en que pensar, según mi experiencia. Que la mayoría de personas usan la oración como de emergencia. Como que si fueran los bomberos, o la patrulla le llaman solo cuando hay emergencia. Que han viajado tanto el poder de la oración, o la meditación. Cuando ya la noche está aproximándose, o el día se está retirando, o la claridad está despareciendo de sobre la paz de la tierra y el mundo.

Es decir que la usan cuando hay temblores, terremotos. O posible una tragedia, una muerte, desempleo, deudas etc. y lo demás, es decir y el tiempo restante qué pasa por la vida completa. Ahora hagámonos la siguiente pregunta. ¿Qué es meditación? Bueno, podemos ver mucho de meditación y su significado. Pero no nos alcanzaría este libro, y otro para explicarlo. Pero lo que si te puedo decir es que, la meditación es el método más eficaz para poder encontrarte con tu realidad, el pequeño problema es que haces mucho ruido y no dejas al infinito que trabaje contigo tomate un tiempo y trata de enfrentarte a ti mismo(a) y conócete quien eres y hasta estas preguntas ¿Por qué lo eres? ¿Cómo lo eres? ¿Por qué eres cómo eres? ¿Por qué estás en el lugar donde estás? ¿Por qué tienes el trabajo que tienes? Por qué tienes el matrimonio que tienes etc. cuando sea capaz de ver por tu vida y los puede ver de tu vida.

Entonces le vas a ver más sentido a la vida aterrizando de esta lectura. Piensa que todo en si está en la mente universal, en el poder que Radica en el universo ¿y a donde esta ese poder? Pues nada más ni nada menos que dentro de ti, por eso es que la meditación es muy importante, y cuando lo hagas, ponle mucha atención a tus pensamientos. Tal vez tengas pensamientos desagradables, pero no te preocupes. En un principio así será, pero luego te acostumbraras a esa energía acuática que radica en esa estrella que eres tú.

26

Cambia tu forma de Pensar.

Entonces hemos hablado de cambia tu forma de pensar, has leído en estas páginas la diferencia no es ser diferente, o pensar correctamente, o pensar negativamente. ¿Por qué debo de cambiar mi mentalidad? te preguntarás. ¿Porque debería de hacerlo? de una manera queremos cambiar nuestra perspectiva del mundo y queremos cambiar esa perspectiva en la familia. Como padres, como madres, como hijos, como abuelos, como individuos, como hombres y mujeres en la sociedad.

Queremos ser diferentes para marcar la diferencia ¿y de qué manera puedo yo marcar la diferencia? Puedo marcarla de la manera que las demás personas, puedan ver alguien en mí, o algo en mí, y dirigir un mensaje diferente a aquellos que necesitan escuchar algo distinto y algo diferente. Porque si hago todos los días lo mismo lo mismo, todas las mañanas lo mismo, al mediodía lo mismo, en la tarde lo mismo, en la noche. Mi vida, o mi mentalidad se vuelve monótona en otras palabras se vuelve mecánica. Estábamos hablando mi familia y yo, acerca del aprendizaje de la lectura y acerca de poner en práctica lo que realmente mi mente puede crear. Sin una batería exterior (el ejemplo que poníamos era un reloj) un reloj no funciona si no tiene batería, o un celular. Pues le pones una batería con la cual debe de trabajar, y si le quitas la batería deja de funcionar, y tu celular se vuelve mecánico.

Y no queremos que nuestra mente se vuelva mecánica, queremos que nuestra mente se vuelva creativa; para aprender vas a la escuela, a la universidad, al colegio, a la facultad, o qué sé yo cuál es tu propósito en esta tierra. O quizás lo que estas aprendiendo es como ponerle una batería en tu mente valga la comparación; es que tu mente está volviéndose monótona, tu mente entonces se vuelve mecánica, o duerme como un robot.

Talvez lo exterior es decir, lo que te están enseñando, lo que te enseñan, lo que no te enseñan, lo que te dicen, lo que no te dicen, lo que te hablan, lo que no te hablan; todo eso exteriormente van formando tu vida, pero no queremos que la vida sea de alguna manera monótona es empezando a perdonar con la mente, empezando con el cambio de mentalidad. Por eso te estoy hablando a ti hombre, mujer, joven, grande, pequeño, viejo, o tengas la edad que tengas; te estoy hablando que cambies tu manera de pensar, tu forma de pensar porque hasta ahora posiblemente no has pensado de la manera correcta, o de la manera que supuestamente debes de pensar acerca de la vida.

Que tu mente se ha vuelto mecánica y que ya no puedes disfrutar el aire, y cuando vas caminando no puedes disfrutar la brisa que te pega en la cara, ya no puedes sentir el respiro ya no puedes sentir el olor de una flor, ni sentir el abrazo de un amigo, o una amiga o el abrazo de tu ser más querido. Qué cuando abrazas a tus padres, ya no puedes sentir el amor de ellos porque estás tan mecánico y ya estás directo, o directa. Vas a la playa y posiblemente no disfrutas, vas contento, o contenta a la playa pero al regreso vienes cansado, o cansada porque bueno; para empezar bienes quemado del sol y para continuar vienes más cansado que cuando ibas. Hay personas que cuando van caminando es imposible para ellas y ellos disfrutar el paso quedan, no pueden disfrutar el momento de caminar. Por ejemplo, van a un parque, o van a una montaña, o en su trabajo; pues no lo pueden disfrutar porque ya están tan directos y tan mecánicos, por eso es muy importante cambiar la mentalidad.

Como ya lo has visto y observado y lo has leído en este libro, la mentalidad es muy importante en la Biblia, los que nos dejaron esos mensajes ellos querían que cambiáramos nuestra mentalidad. Una palabra muy clara que siempre recalcó en esta obra y en muchas obras mías, y en mis motivaciones y mis enseñanzas a padres a madres a hijos y abuelos. Es la de "Gálatas 6:7" me gusta a mi esa cita, porque dice cada uno recoge lo que siembra, o cada uno segara lo que siembra nadie se queda en vano nadie recoge lo que no ha sembrado.

En pocas palabras, porque todo lo que hagas en esta tierra va sobre ti, sobre tu cabeza, sobre tu familia, sobre tu vida, sobre tu trabajo, sobre tus finanzas sobre todo. Eres responsable de cada situación, o de lo que está pasando. Posiblemente eres un maestro, una maestra ¿qué has hecho con eso? ¿O solamente sacaste tu título, lo colgaste en la pared y simplemente no hay nada más? qué aprendiste, que supuestamente aprendiste, que tus maestros te enseñaron en la escuela. ¿Dónde está todo eso? que después de la emoción que tenías (que después vamos a ver) lo que decías, después cuando saque mi título ya voy a trabajar voy a ayudar a mis padres a mi familia, porque gracias a ellos estoy en este lugar donde estoy; si no hubiera sido por ellos yo no estuviera aquí. ¿Qué pasó después que sacaste tu título? ahora estás preocupada, tal vez porque no tienes trabajo, ahora el pensamiento que te ha llegado es, voy a sacar otra carrera porque aquí no hay trabajo.

Cuando estamos hablando de cambiar la mentalidad, primero cambia la moralidad. es primeramente cambiar la perspectiva porque para cambiar la mentalidad que tenemos, o la que traemos de nuestros ancestros de nuestros antepasados, esa mentalidad que ellos tenían nos las dieron a nosotros nos transmitieron a nosotros, nos comunicaron a nosotros a través de las palabras a través de las acciones, o a través de cualquier cosa que podían transmitirnos. Y podrías decir ¿y eso es malo? No, no, no es malo, porque fue la única manera que ellos encontraron para transmitir lo que sabían. Si ellos hubieran tenido la enseñanza que tú tienes ahora posiblemente nos hubieran transmitido nuevos modales, o diferentes legados de los que ahora tenemos. Posiblemente no hemos tenido la crianza que hemos querido tener, pero aún estás dónde estás ahora gracias a ellos.

Y ahora estás leyendo este libro, y posiblemente de aquí y a dónde vas en la lectura, ahorita ya está cambiando tu mentalidad. Tienes que poner un patrón nuevo, deshacerte del patrón que te transmitieron tus padres. Pero cambiarlo renovarlo, o ponerle efectos como decimos mejóralos. Un ejemplo, es aquel que escuchó una canción y que tiene talento para cantar y dice bueno, no encuentro la forma como cantar. Y cuando escucha una canción que le guste, la escucha, la vuelve a escuchar, la vuelve a escuchar, y la vuelvo a escuchar hasta que hace suya esta canción.

Y dice ah ya sé, yo voy a cantar esta canción pero la voy a mejorar ¿en qué sentido la voy a mejorar? En el sentido de que le voy a cambiar palabras, si esa canción que la cantaron en los (60s o en los 70s) y ahora la voy a cantar en el "2015" o en el "2020" o en el "2030" o mejor dicho en el momento que estoy viviendo en el siglo "X". Y mejoran la canción, se vuelven creativos y la mejoran, y ponen al pueblo una nueva canción, de los (50s de los 60s). Con la canción vieja, la modernizan pero se inspiró y mejoró la canción, ¿me explico? Pensamientos que traemos, esos pensamientos monótonos que nos lleva y nos traen y nos mantienen así, como él ratoncito dando vueltas y vueltas y vueltas en el mismo lugar y no llega a ninguna parte. Así me he encontrado a muchas personas mujeres y hombres que están dando vueltas en el mismo suplicio y no salen de ahí.

Están gritando, están clamando, están suplicando, están orando, están haciendo cosas pero no salen de ahí, porque les ha gustado. Hay mujeres que les gustan dejarse golpear por el marido, abusan de ellas, las tratan mal como ellos quieren. Y también hay hombres que les gustan estar metidos ahí haciendo lo mismo tratando; La mujer como sus padres les han tratado y creen que eso es todo. No. eso no es todo. Eso es lo que traes en tu pensamiento, es lo que te han transmitido. Y por esa razón en este momento cambia tu forma de pensar, para que cambie tu forma de vivir, para poder volar muy lejos. Porque, tú no naciste para estar cavando ahí en el lodo como el marrano, el marrano lo que hace es estar escarbando en el mismo lugar y escarbando ahí y nunca pone la mirada para arriba, porque no saben volar.

Y tú naciste para volar, como las águilas muy alto por las montañas y cuando tengas que renovar tu vestimenta bajas a la montaña, pero siempre te quedas en la montaña más alta, bajas renuevas y luego sigues volando en la montaña más alta. Mejor dicho, tratas a los demás como ellos se merecen ser tratados, cuando te enojas sabes cómo dominar tu enojo, ¿porque piensas en esas dificultades? basta "ok" si perdiste, aquí tiene que haber un cambio, tiene que haber una diferencia. he visto personas que están en la iglesia y en religiones, están haciendo sus oraciones diarias, y siguen con su mentalidad pobre, siguen pensando que todo lo tiene que hace Dios, todo lo tiene que hacer su ser superior, ellos no. lo único que tienen que hacer es entregarse. Qué mala interpretación de la Biblia ¿no? cómo dice este dicho, dónde va Vicente va toda la gente. Tú y yo debemos de ser capaces de hacer un cambio sin importar tu título que tengas, sea la profesión que tengas, o el talento. Y si tienes una profesión la cual te felicito, si eres Profesor, eres Maestro, Abogado, Juez, que se yo, Diputado, Alcalde qué sé yo que eres.

Pero si eres uno de éstos, u otro más la cual te felicito, te felicito porque tú has tenido la oportunidad de poder llegar al lugar donde estás, gracias a tus padres. Y ahora qué haces lo que haces maltratar a tus hermanos, a tus amigos, robarles en vez de marcar tú la diferencia. Estas ensuciando los caminos y ahora por tu causa las familias, los pueblos y las comunidades, los departamentos, los países están siendo manchados por tu causa. ¿Cuál es la diferencia de tener una profesión? No hay una gran diferencia, pues encontrar un trabajo fácilmente no. Sí pero de qué te sirve, si al final no eres buen padre, buena madre, o buen hombre, o una buena mujer en la sociedad, digna de ser imitada. mi querido lector, tú que estás en este momento leyendo estas líneas, si no tomas la decisión de levantar los brazos caídos y decir, todo depende de mis pasos, mis palabras, mis pensamientos, ¿entonces qué va a pasa? no va a pasar nada.

27

Así cambia tu forma de vivir.

Cambia tu forma de pensar, y así cambia tu forma de vivir. Porque cuando cambias la forma de pensar literalmente cambia tu forma de vivir. Ahora ya no eres el hombre que fuiste ayer, o no eres la mujer que eras ayer y sigues siendo todavía, en adelante levanta los ojos y dirás "hey" yo no vine a esta tierra para hacer un desastre, o no vine a esta tierra para ser pesadilla, yo no vine a esta tierra sólo para tener una enfermedad, yo no vine a esta tierra sólo para tener hijos, o a trabajar, o para hacer negocios. Yo vine a esta tierra para ser el cambio en esta tierra, para marcar la diferencia. No solamente hablando sino que ya tu vida, o la forma de vida cambiará instantáneamente. De un pensamiento salen muchas emociones, deseos, y luego las palabras a las acciones y luego la reacción.

1) **Los Deseos:** luego de tener un pensamiento, luego tienes un deseo, como lo es de la manera del pensamiento porque cuando hay un padre hay una hija y cuando tu hechas a volar lo que estás pensando sea bueno o malo, seguramente tendrás los resultados como lo son:

2) *La Intención:* ¿Cuál es la intención? la intención
es que para qué ese pensamiento ¿por qué es ese
pensamiento?, esos deseos que seguramente serán el
"94" porciento negativos. Acordes a un pensamiento
tienes un deseo ¿cuál es la intención de la vida?
¿Cuál es la intención del pensamiento? ¿Cuál es
la intención del deseo y cuál es la intención de la
intención? Tienen un gran poder. Jesús, cuando vino
a esta tierra tenía una intención, de venir a salvar
a su pueblo a dar un mensaje. El no vino a dar una
enseñanza para que todos murieran en la cruz y
resucitaran al tercer día. Lo que el vino a enseñar fue
cómo vivir financieramente, cómo comportarse en la
vida, cómo enseñar a otros, cómo guiarse en la vida,
cómo hombre y mujer, y cómo crear a tus hijos. La
ilusión de Jesús era que cada individuo que vive sobre
la faz de la tierra sea diferente, viva como un humano,
no como un "animal" viva como un individuo en la
sociedad, no como una "bestia" en la naturaleza. la
intención de él era de venir a enseñar cómo tratarse
los unos a otros, porque ya era demasiado lo que
estaba pasando, tendría que venir alguien y decirnos
qué hacer, como hacerlo, y a dónde ir y como ir. pero
lastimosamente el mal descernimiento de la Biblia,
está confundiendo a mucha gente, el descendimiento
ha sido tal vez de alguna manera no recomendado;
cada uno hace su iglesia por acá ya por allá, en cada
esquina ponen su iglesia, o su comunidad, y dicen yo
tengo la mejor.

Y así se van envidiando unos a otros y no se dan
cuenta del poder de la intención que tuvo su maestro.
La intención de ellos es llevar la gente a Dios, ¿pero
qué, cómo la van a llevar si ellos también no están

enterados de lo que están haciendo? la intención del maestro era que tú y yo fuéramos exactamente como él, no que fuéramos cristianos. A mí me preguntan ¿Quién eres tú, eres cristiano? yo respondo no, no, no yo no soy cristiano, yo soy como Cristo.

Porque la intención de Jesús no era de hacer cristianos, él nos enseñó, o nos mostró como ser como él, exactamente ser como él y no cristianos si no ser como Cristo, actuar como él, cuando tengamos una dificultad, pensar como el, ¿qué haría Jesús en mi caso? cuando hay un problema en mi camino que no puedo salir de él, pensar ¿qué haría él en mi caso? Cuando estoy pensando en esta idea, ¿qué haría él? y cuándo yo tengo este deseo que no es correcto, ¿qué haría él en mi caso?, la intención de Jesús era más allá que la tuya y la mía, o de las iglesias más grandes del mundo, o la intención del hombre y de la mujer. Así como estoy llegando a ti en este momento, la intención era darle una palabra; Aquel que había bajado los brazos, aquel qué ya no quería luchar por sus sueños.

Porque tanto tiempo había luchado y no había encontrado nada. Una mujer que estaba enferma, llevaba años de esa enfermedad, dijo, no me doy por vencida y ella reconoció la intención de Jesús. La intención de Jesús era de que aquellos que estaban ciegos y habían perdido la confianza y habían perdido la fe que si lo podían lograr. Y él dijo tú puedes hacerlo, nomás cree, yo sé que puedes abrir los ojos. La intención de Jesús era que aquellos que habían perdido la fe la volvieran a recuperar una vez más. Para que encontraran el camino aquellos que habían perdido el camino, y encontrarán la salida que habían perdido, y aquellos que querían hacer nuevos caminos uno es más. porque esa intención era poderosa, que podía trascender montañas, trascender la inteligencia humana y tener la intención de volar sobre los abismos; sobre la faz de la tierra, bajo el cosmos, y sus alrededores, en lo visible y en lo invisible.

Y de una manera de enseñar cómo se debe vivir aquí en lo visible, porque de la misma manera que vas a vivir aquí, vas a vivir allá. Precisamente estaba escuchando una emisora que dice: arrepiéntete porque ya el fin del mundo ya viene, arrepiente porque ya Cristo viene con su ruido de trompetas y que si no te arrepientes, te vas a ir al infierno.

Cómo es posible que venimos hablando de lo mismo hace miles y miles de años y estamos en lo mismo, me preguntan ¿crees en el fin del mundo? yo les digo si, el fin del mundo es cuando te vas a ir de esta tierra, el fin del mundo es cuando vas a desaparecer en esta tierra, el fin del mundo es cuando vas a pegar el último suspiro y vas a desaparecer de esta tierra. Vas a seguir viviendo en un lugar, quién sabe Dios donde; pero vas a seguir viviendo el fin del mundo. Cuándo me preguntan ¿porque hablas de esto? yo digo, yo no estoy predicando, no estoy dando un sermón, no estoy llevándote un cuento.

Lo que estoy haciendo es motivándote, yo no te estoy diciendo que el fin del mundo ya viene, que te vas a ir al infierno, qué te vas a condenar, que tus hijos se van a condenar, realmente no. lo único que estoy haciendo es dándote una palabra de motivación, que sí se puede. La intención de tu maestro fue tan grande que esa intención, ha llegado a miles de miles de personas, a todas las generaciones, a todas las personas, a razas, color, y lengua, en todos. Ha llegado esa intención y la intención era tan poderosa que ahora tú y yo hablamos y comentamos al respecto. Ahora veamos la emoción.

3) La Emoción:

Cuando tenemos un pensamiento luego nace un deseo, luego nace la intención luego, nace una emoción y luego nacen las palabras pero antes de hablar de las palabras vamos hablar de la emoción.

4) Las Palabras:

Las emociones es un punto súper especial, súper importante .hay que ponerle mucho cuidado porque cuando hay un pensamiento, hay un deseo, hay una intención y luego una emoción. Entonces yo tengo que estar seguro hacia dónde dirijo mis emociones, ¿Cuáles son emociones? Si mis emociones son correctas, o incorrectas lo que tú y yo debemos de hacer es, empezar a dialogar con nuestra mente ¿Qué pasaría si dirijo mis emociones por este lado, o por este lado, qué pasaría si las emociones me dominan? Aunque cuando sabes que no lo es, las emociones terminarán apoderándose de ti, las emociones terminarán siendo como un amo para ti; te dominará y tú harás exactamente lo que la emoción te diga que hagas. Por eso es muy importante no controlar las emociones, sino que ponerle atención. No estoy diciendo que hay que controlar las emociones, es demasiado trabajo.

Sino lo que digo es que le pongamos mucha atención. Dicen los científicos que hay más o menos como "67" mil pensamientos al día, y por consiguiente tenemos "67" mil emociones.

Imagínate cuántas emociones y tenemos "67 mil pensamientos al día, entonces tenemos "67" mil emociones, y para poder controlar todas esas emociones eso es un gran trabajo. Cuando Jesús ya no aguantaba los golpes de la vida, se fue a la montaña y empezó a clamar y dijo; Ya no aguantó, y empezó a llorar. Pero él sabía exactamente cuál era su intención y cuál era la emoción por la cual tenía que actuar, pero como hombre, el como que tú y yo experimentamos lo mismo. Ojo eh, mi consejo en este momento es que observes tus emociones y que tus emociones en vez de que te dominen; poner tus emociones en el punto correcto en el lugar correcto, con la persona correcta, en la casa correcta, en el auto correcto, en el país correcto, en la familia correcta, con los tíos correctos, y con los padres correctos; Ahora vienen las palabra, de un pensamiento luego un deseo, luego una intención y luego tenemos la emoción.

Tenemos esos patrones en nuestra mente y en nuestro corazón, en las palabras empiezo hablar de lo que pienso, de lo que deseo, de lo que es mi intención, de lo que me emociona; eso debo de hablar con él, con ella, con los amigos, en la escuela, en el trabajo, en la universidad, en el colegio y en la facultad y empiezo hablar sólo yo. Tal vez hago llamadas a otros países y empiezo hablar y hablar y hablar de lo que pienso, de lo que deseo y de lo que tengo de mis intenciones y de mis emociones. Y las palabras ya le están dando vida a lo que estabas pensando, ya cuando estás hablando es como que estás sembrando. Ya le estás dando vida a tus deseos cuando estás hablando, y él está dando vida a tus intenciones, cuando estás hablando ya le estas dando vida a tus emociones.

Y si es buena, pues obviamente va a ser buena siembra. Cuando son buenas las comunicaciones se cosecha algo bueno, pero cuando son incorrectas posiblemente vas a tener que hablar correctamente y vas a recoger (lo que enseguida vendrá) la reacción, pero para hablarte de las palabras vamos a tener que hablar también de la acción.

5) Acción:

con las palabras accionamos, cuando hemos visto estos puntos acerca de la mente y los pensamientos el deseo, la intención y las emociones y las palabras, entonces viene la acción. Ya cuando empiezas a hablar, ya empiezas accionar, empiezas a caminar, empiezas a llamar, o a decir mensajes, o a enviar emails, o piropos, cartas y telegramas, qué sé yo que es lo que puedas dirigir en ese momento. Pero el punto es que ya estás dándole vida a las cosas cuando accionas; es cuando empiezas ya a hacer lo que vas hacer, sea lo correcto, o lo incorrectos. Yo te recomiendo, que siempre la corrección que yo doy es, acciona de la manera que no lastimes a tu familia, o lastimarte a ti. Porque si la acción es incorrecta obviamente la reacción es incorrecta, y cuándo tu acción es correcta obviamente la reacción es correcta.

Y si no te controlas de lo que estás haciendo, o diciendo lo que va a pasar es que vas a terminar enfermando la gente, o a los que están a tu alrededor, vas a terminar enfermándote tú también. Y eso no te conviene porque tú tienes que estar alentado para tu familia, tu familia te necesitan, te necesitan tus hijos, te necesitan tus padres y en la sociedad.

Tú tienes que estar aquí porque hay algo que tienes que hacer, que los demás no pueden hacer y por esa razón tú estás aquí. Es por eso que tienes que leer, tienes que buscar, tienes que descubrir y encontrar la verdad ¿cuál verdad? De esa verdad que está dentro de ti, esa verdad que hay dentro de ti. Porque cada uno tiene su verdad y tú vas a encontrar la tuya a través de lo que crees que es correcto para tu familia. Pero no pongas en peligro a tu familia, porque poniendo en peligro a tu familia te pones en peligro tú y no creo que tú quieras perder tu familia solamente por un pequeño y horrible y sucio error, y por no saber pensar. Entonces la acción va a ser exactamente cómo es tu pensamiento y la acción, va a ser exactamente cómo es tu deseo, la acción va a ser exactamente cómo es tu intención, la acción va hacer exactamente cómo son tus emociones, la acción va a ser exactamente cómo es tu acción y luego como el próximo punto es.

6) La Reacción:

Después del pensamiento luego viene el deseo, después la intención de las emociones, después las palabras, después la acción y ahora vemos la reacción porque cada acción tiene su reacción; Aquí sería bueno hablando de la siembra y la cosecha, o hablar de la ley de la acción y la reacción. Dice la ley de la atracción que lo que piensas eso atraes, lo que piensas eso da reacción, "acción" y eso cosecharas en la vida.

Con lo que tienes en tus manos, o en tu mente, o en tu vida debes de marcar la diferencia, porque con la reacción ya estás dejando una huella en esta tierra. La pregunta para ti es ¿Qué tipo de huella vas a dejar? ¿Cuál va ser la huella que tú vas a dejar en esta tierra? Que quieres que digan de ti, que digan eres una buena persona, los consejos me agradaron y esos consejos voy a transmitir a mis hijos, o a mi familia ¿Cuál es la reacción qué es lo que quieres cosechar? púes en pocas palabras, lo que siembras cosechas.

¿Lo que quieres en la vida es odio, rencor, la muerte, la cárcel, la discoteca y el hospital es eso lo que quieres? no creo que quieras cosechar todo eso, yo creo que como yo, quieres cosechar algo bueno amor, paz, gozo, mansedumbre, templanza, fuerza, alegría y entrega; que la gente confíe en mí, y que la gente vea una persona diferente en mí, eso es lo que quiero cosechar. Por esa razón quiero pensar diferente, por esa razón voy a controlar, o mejor dicho, monitorear mis deseos. Voy a revisar mi deseo, voy a revisar mis intenciones, voy a revisar mis emociones, y también voy a revisar mis palabras.

Le pondré más atención cuál es el tipo de palabras que yo estoy utilizando hacía a mi alrededor. Pero no solamente cuál es el tipo de palabras que estás usando a tus amigos, o a tu prójimo, sino que cuál es el tipo de palabras que tú y yo estamos usando. la pregunta para ti es ¿Cuál es el tipo de la palabras que tú usas para ti? en lo personal cuando nadie te ve, cuando nadie está contigo y cuando tú no hablas con nadie, como es la conversación que tú tienes en ti dentro de tu corazón dentro de ti. La conversación será, o debe de ser, yo soy una buena persona soy capaz de hacer lo que voy a hacer, yo sé que puedo hacer algo más yo sé que hoy en día voy a ser diferente; yo sé que hoy Dios está a mi favor. Los cielos se abrirán a mi favor, ahora mi familia va a confiar en mí, ahora mi esposa o mi esposo confiara en mí, ahora mis hijos van a confiar en mí. Porque ahora soy diferente, ¿Cuál es la conversión que tienes dentro de ti y en tu corazón? cuando nadie te escucha o nadie te oye, será no tengo dinero, pero yo sé que voy a encontrar lo mejor, yo sé que si tengo un padre que no vela por mí, pero lo que tengo que encontrar es mi destino.

Y tú no te quedas allí, sino que buscas y caminas hacia tu interior. Qué sé yo, en la noche o por la mañana qué sé yo, donde hables contigo mismo. Pero así cómo es tu conversación así será tu actitud positiva, o negativa, tu conversación te hace crecer. De esa manera la acción se va a ser visible, ahora pues ya lo estás haciendo visible lo que estaba invisible. Porque lo que tenías era invisible, excepto las palabras y la acción, ya lo ves, y ya lo miramos, ahora tienes la reacción; la reacción es una de las cosas que no podemos cambiar en la vida ni tú ni nadie, ni con todo el dinero del mundo. La reacción es lo mismo que sembrar un palo de manzana, y dices ya no quiero manzanas mejor voy a reducir este árbol y lo voy a convertir en uno de naranja. No puedes reducir el árbol lo único que puedes hacer es cortar el árbol, y sembrar el palo de naranja en el lugar donde estaba el palo de manzana. Lo que puedes hacer es cambiar el árbol antes de ponerlo en el hoyo, eso sí puedes hacerlo; pero mientras ya dio el fruto eso no puede ser.

Y el fruto aquí es la reacción si no podemos cambiar eso, lo tienes sí o sí. Es la diferencia entre acción y reacción. Antes de llegar a la reacción. (Primero contrólate, tú puedes cambiar, tus pensamientos y tus emociones, tus intenciones y tus palabras; y Puedes cambiar tus metas, y tus propósitos y tus deseos, y tus objetivos), Tú los puedes cambiar antes que se visualicen, antes que se hagan palpables, antes que venga la reacción y ya no puedas cambiarlos hasta que recojas los frutos.

28

Date por vencido @.

¿Porque estoy hablando de darse por vencido, o vencida? Por la sencilla razón que, muchas personas que están haciendo lo mismo todo el tiempo, creyendo que en eso que están haciendo van a alcanzar el éxito. Por ejemplo: En mi caso, yo he aprendido algo que si no puedes escalar una montaña, escala otra; y si por razón x no puedes, no te preocupes, si no puedes subir esa montaña bájate; y si no puedes subir a esa otra bájate. Porque me he encontrado con personas que vienen flotando en la misma piscina, en el mismo río de su vida y no salen de allí. por la sencilla razón que creen que van a perder y no se atreven a hacer algo nuevo, porque piensan que van a perder; tal vez perder confianza, perder felicidad, perder el matrimonio, perder los hijos, perder dinero, o perder el machismo, o perder conocimiento. Hay personas que no tienen la confianza de pedir un consejo porque creen que van a perder el conocimiento que han recibido. Recuerda tú que nunca dejas de aprender, siempre estás aprendiendo.

Sea la profesión que tengas, déjame te digo que día y noche estás aprendiendo, cada cosa en la vida si tú no estás aprendiendo nada el día de hoy, entonces, déjame te digo que estás muriendo. Porque si día tras día no aprendes, es el momento que empiezas a morir. Y eso es lo que tú no quieres ¿verdad? lo importante es aprender cosas. La meta de ti es hacer brillar la estrella que hay en ti, y si ya lo hiciste alguna vez y no te funcionó por ese lado; no te preocupes, intenta por la derecha, si no te funcionó por la izquierda, dale por arriba y si no te funciona por arriba, dale para abajo y si no funciona por abajo sigue para adelante, y si no te funciona para adelante sigue para atrás, pero ninguno de esos vas a fracasar.

Muchos creen que el fracaso es símbolo de derrota, no. es una experiencia; el fracaso es símbolo de éxito. Porque si no te das la oportunidad de fracasar, tampoco te vas a dar la oportunidad para triunfar. En la vida hay que aprender a fracasar, para aprender a ganar, porque si no aprendes a fracasar, tampoco aprenderás a ganar. El fracaso en la vida no es una derrota, es algo que tienes que aprender. Tal vez la gente te ha dicho que has fracasado pero eso no es así. Es porque tenías que aprender conocimiento, o tenías que aprender experiencia, o tenías que aprender de la gente; de alguna manera tendrás que aprender pero tú nunca pierdes.

Un día estaba hablando con un amigo, y le digo "hola cómo estás" "qué estás haciendo" me dice, "bueno estuve trabajando con un compañero y ahora siento que he perdido todo ese tiempo" le digo "un momento amigo, un momento" le dirijo la palabra con toda humildad. Le digo "mi amigo tienes razón, has estado trabajando con este compañero tuyo como socios, pero tú no has estado perdiendo tu tiempo" y agrego "¿cómo es posible que una persona como tú empresario pienses de esa manera?" "¿qué poca responsabilidad tienes sobre ti, que pensamientos tan pobres que dejas que tu vida? tú no has perdido, porque lo que hiciste ahí fue, lo que hiciste a través de estos años fue, aprender cómo hacer negocios.

Cuáles son sus sentimientos, cuáles son sus pensamientos, cuáles son sus deseos y cuáles eran sus intenciones hacia ti y lo que tú tenías que aprender y a prepararte, él te lo enseno aunque en directa pero lo hizo. Porque una persona de ese tipo o tal vez peor van a venir después y tú ya tienes que estar preparado porque ya te pasó una vez, y en vez de que tú perdieras tú ganaste, si no ganaste conocimiento, tú ganaste confianza, y ganaste confianza con la gente. Ahí con eso y no me vas a dejar mentir qué ganaste clientes, ahora tienes clientes. Cuando estabas con esta persona de socio ganaste clientes y ahora los clientes te buscan gracias a que este te dio un permiso, o te dio pues un lugar para trabajar" me dice el amigo, "claro que si tienes razón". Bueno por esa razón es lo que te digo que tenemos que saber que en la vida tenemos que aprender, en la vida no tienes que gastar.

29

El pensamiento de gastar y el pensamiento de derrota.

Vamos a ver el pensamiento, o los puntos "1" gastar "2" perder. Cosas que no lo he mencionado "3" derrota. Vamos a ver que es gastar. No debe de haber ese pensamiento en tu mente de gastar, porque nadie gaste. Este pensamiento debe de estar en tu mente. Invertir tu tiempo, invertir tu dinero, inviertes tus horas, tus días, tus minutos, inviertes tu vida, todo inviertes; a tus hijos, trabajas, compras en la tienda, o estás en la empresa, estás en la escuela, estás en un avión, estás en un tren y estás en un automóvil tiene que ser de inversión. gastar significa esperar nada a cambio, invertir significa que hay algo que tú esperas cuando te diviertes, ipor qué esperas algoi no esperas, de esperar que me venga, sino que estás con esa noción que te va a llegar algo; que tú no estás perdiendo ni gastando nada, porque de alguna manera eso volverán.

2) perder es algo que la gente usa en su vocabulario diario; Hoy perdí, ayer perdí, el futuro perder. De alguna manera tiene que utilizar esa palabra porque en la vida

tienes que aprender a fracasar. Como lo he dicho y lo vuelvo a repetir, date la oportunidad de cometer errores, la oportunidad de meter la pata, date la oportunidad que te odien, date la oportunidad que te envidien, date la oportunidad que hablen mal de ti y date la oportunidad que incluso te traten más que un "animal" ¿Por qué? Por la sencilla razón que si no te das la oportunidad; cuando lo hagan que si lo van a hacer, te va a doler mucho, {Pero cuando te das la oportunidad} vas a decir, bueno, yo ya me he dado esta oportunidad así que no me preocupo, porque si no estaré listo para esto, tampoco estaré listo para lo otro.

Hay personas que ocupan el ayer en el presente y el futuro en el presente, el presente en el futuro y el futuro en el pasado, están completamente idos de la mente. Hagamos una cosa; enfrente de ti en este momento hay tres edificios un edificio de ayer, un edificio de hoy y un edificio de mañana. Del de ayer, están todas las cosas que pasaron ayer, las que dijiste ayer que no dijiste ayer, qué hiciste ayer, que no hiciste ayer, a dónde fuiste ayer, a dónde no fuiste ayer, la llamada que hiciste ayer, las llamadas que no hiciste ayer, lo que te hicieron ayer, lo que no te hicieron ayer, donde te atreviste ir ayer, donde no te atreviste ir ayer, donde caminaste ayer, donde no caminaste ayer, cómo te comportas ayer, como no te comportas ayer, como debiste de haberte comportado ayer, como debiste de haberte comportarte ayer; todo lo de ayer está allí dentro; donde me viste ayer, que comiste ayer, que viste ayer.

todo está allí metido, cosa que ahora ya no te interesa, lo único que te interesa a ti es aprender cosas que lo que hiciste ayer, lo que no debiste de haber hecho, ahora no volver a hacerlo. Pero hay otro edificio que es el futuro, y en ese edificio están lo que vas a hacer mañana, lo que vas a decir mañana, el miedo que vas a tener mañana, el valor que vas a tener mañana, la entrega qué vas tener mañana, en tu trabajo, en tu escuela, con tu familia y en tu iglesia u organización en tu empresa etc. lo de mañana son cosas que no te interesan, porque están en el edificio de mañana.

Tú no te vas a ir a meter en el edificio del futuro, porque ese edificio del futuro no sabes si va a llegar para ti, y no tienes nada que hacer ahí en el futuro, ni tampoco en el pasado, nada que ver en esos dos edificios descártalos completamente de tu vida. Ahora tenemos el edificio del presente, el edificio del hoy y de ahorita ahí, está lo que ahora puedes hacer, lo que en este momento puedes decir, lo que en este momento vas a decidir y el camino que vas a decidir en este momento, el riesgoso camino que vas a tomar esta allí. Ahora los deseos que tienes que tomar para decidirte caminar ahí está ahora, todo está allí donde ahora. No tiene nada que ver con lo de ayer, o en el futuro en él. Sino en el presente, si vas a ser algo, Aselo excelente, que la excelencia visité tu puerta, que la excelencia sea parte de tu vida. pero no trates de que las moscas del edificio de ayer entré en el edificio de ahora y las moscas del edificio de mañana, en el edificio de hoy en pocas palabras, no dejes que lo negativo de ayer afecte lo de hoy; no dejes que lo negativo que aparenta ser el futuro, afecte lo de hoy. Ahora lo que aparenta ser negativo, convierte en positivo.

Ahora tú puedes hacerlo. Hoy, estaba hablando con una persona por teléfono y le explicaba (ya hablé esto hace unos días); Te voy a comentar esto, que hace unos días tuve una conversación con una persona y me dice "mira yo estoy cansado porque cuando tenía 15 años, yo quería tener dinero y ahora tengo 55 años no lo tengo estoy frustrado de la vida, y cuando tenía 15 años me quejaba porque no tenía dinero y ahora tengo 55 años me quejo porque no tengo, no sé qué hacer en la vida estoy cansado estoy frustrado ya me duelen los huesos ya me siento "viejo" ya no sé qué hacer" y agrega ¿podría comentarle algo? Me dice y yo le digo, "por supuesto" me dice, "lo que me pasa en mi vida es que mis hijos se han alejado de mí y ahora no los tengo cerca, cometí un gran error que ahora me arrepiento y no sé cuál error es el que he cometido, por eso ahora no sé qué hacer" Le digo "no se preocupe, usted cometió muchos errores señor, yo también cometo muchos errores.

He aprendido en la vida a que no siempre vas a tener lo que quieres no siempre vas a tener lo que anhelas, es más nunca vas a tener, lo que quieres sino que siempre vas a tener lo que necesitas y siempre vas hacer lo que tienes que amar y si no lo amas, porque no lo quieres" le digo "recuerda que en la vida no todo es color de rosa, pero lo que estoy viendo en usted es que viene arrastrando costales, viene arrastrando cargas tan pesada de hace años, décadas; y ahora no lo dejan en paz ni tampoco lo dejan ser feliz hagamos de caso que usted va a una montaña, se lleva un costal de piedra que pese más o menos "100" libras, y usted va para arriba, para arriba, se echa al hombro el costal y va caminando hacia la montaña, viendo que usted tiene unos caballos que se podrían llevar las piedras, usted lo está llevando pero

¿qué pasa? no puede hacerlo porque por la necedad que usted puede llevarlas y teniendo la oportunidad de poder compartir la carga con alguien más y ahora usted está llevando esas piedras a la montaña, piensa que usted va cansado y las bestias, o mejor divo los caballos van sin nada; cosa que ellos podrían llevarse la carga, y va para arriba, y luego conforme pasa el tiempo tienes que descansar, porque ahora está afectando sus músculos, ahora está afectando sus huesos, ahora está afectando su energía física y ahora usted está sudando y no lleva agua y lo peor es que no lleva suficiente agua ¿qué va a pasar entonces? usted no va poder llegar a la cima con esas piedras y porque está cargando esas piedras, teniendo a alguien que sí podría llevarse esas piedras, o ese cargamento; va a llegar un momento que va a querer rodar las piedras y va a decir, me doy por vencido, cosa que en este momento es el mensaje que quiero enviarle en la vida que tiene que darse por vencido".

Tú también mi amigo (a), que estás leyendo estas líneas tienes que darte por vencido (a), hay momentos que ya no puedes en la vida, tienes que resignarte y decir, bueno, ya no puedo más.

Es bueno resignarse claro, pero en la vida, hay personas que no se puede resignar, pero hay cosas de la vida que si puedes resignarte. Ahora le digo que esa carga pesa demasiado y esa carga le viene robando energía física, como espiritual. es tiempo de que se dé por vencido, decir no fui el mejor padre que te debí de haber sido, pero ya me doy por vencido ya no hay cosa más, no fui el mejor esposo en la vida, o la mejor esposa en la vida, o la mejor madre en la vida; yo sé que no fui el mejor amigo (a), no fui el mejor socio, no fui el mejor maestro (a) no fui el mejor estudiante, no fui el mejor empleado, no fui el mejor mayordomo.

Es momento de decir "ok" ya es tiempo de decir no fui lo que quería llegar a ser y no tuve lo que quería tener; de acuerdo, es tiempo de empezar de nuevo a renacer lo que ¡Jesús le dijo a Nicodemo! nace de nuevo. Y es el nacer de nuevo, el nacer de nuevo significa abandonar todo lo que roba mi alegría, lo que roba mi felicidad y lo que no me deja en paz. El renacer de nuevo es ser capaz de marcar la diferencia y decir, "ok" yo voy a dejar un legado pero lo voy a dejar un poco humano, humanamente le voy a enseñar a la gente que aquí tiene que darse por vencido.

Si estudiaste para una carrera y no llegaste "ok" está bien, de acuerdo, date por vencido, o date por vencida.

Querías casarte con cierta persona y no pudiste se la llevaron está bien, date por vencido no era para ti y la carrera, el camino, el día el mes, el año y el país no era para ti; era para otra persona. No sé por qué estas peleando con alguien si ya no era para ti, date por vencido ya ahora empieza a ser diferente y a marcar el paso para que otros puedan seguir pero especialmente ser tú el que debe de enseñar a los demás; pero especialmente ser tú el que amarre todos los "perros" que podrían lastimar a los demás e ir a donde deben de estar y seguir con los amigos, seguir con aquellos que si te van a entender. hablando de los pensamientos en la vida, estoy seguro vas a tener muchos retos, cosa que ya tuviste demasiado retos, no te preocupes, porque vas a tener muchos más de los que acabas de tener, nada has tenido ahora te estás preparando para lo que viene. Mis palabras de motivación son para que sigas adelante, la vida no termina aquí.

Y si no alcanzas hacerlo no te preocupes, tal vez no te casaste, o no te graduaste, o no estudiaste, o no te apoyaron solo te criticaron, te odiarán y no te comprenderán. Ya es tiempo que pongas un punto donde Dios puso un punto, hay un punto que él ha puesto y que tú tienes que aceptarlo, donde ya está el punto hay que poner el punto.

Vamos campeón y campeona cambia las líneas rompe la hoja tirarla y vuelve a escribir de nuevo tu vida, que tú tienes la única autoridad de poder hacerlo nadie lo tiene, ni tus padres, ni tu conyugue, ni tus hijos, ni tu gobierno. nadie tiene esa oportunidad, ese privilegio para hacerlo solamente lo tienes tú, si tú, así como lo oyes eres el único responsable de lo que haces, o no haces porque tú eres hijo e hija de Dios; Así que nadie se queda sin nada mientras que está bajo las manos del creador, pero no le dejes todo a él. Agárrate la responsabilidad tú y de tu creador, tu ser guiador, tu ser que te guía, tu ser que se inventa nuevas cosas, tú ser creativo y positivo inteligente.

camina con entusiasmo y emoción y ser una persona que las reacciones se han algo que los demás estaban esperando y que cambie la diferencia en el mundo, la vida, tu Familia, tu Cantón, tu Municipio, tu Caserío y tu País, el mundo entero a través de qué sé yo, de la música, a través de tus libros, a través de las películas, a través de las canciones, a través de la radio, a través de la televisión, a través de tu doctorado de tu abogacía, a través de la corte, a través de lo que sea; de la presidencia de tu departamento, a través de la gente que estás viendo en tu pueblo que marque la diferencia en el mundo.

En tu mente tienes que prender tu luz para ver tu camino, después el de los demás y que ellos vean la luz en ti claro que sí, te deseo lo mejor y espero que pases el mensaje y recomiendes la verdadera vida que es lo que hay dentro de ti, no solamente en los libros sino que en ti hay algo escondido, algo escondido que ni siquiera tú te das cuenta, nada más date la oportunidad de poder tener contacto con tu ser íntimo con tu creador que vive dentro de ti, que tú y él son uno solo.

30

Si te desanimas cuando algo anda mal, tu fuerza no es gran cosa.

Ya por último quiero compartir algo contigo acércate de la {sagradas escrituras}, ahora para finalizar quiero regalarte un versículo que me ha llamado mucho la tensión, {Proverbios 25 versículo 10} Aquí nos da a entender que es lo que tenemos que hacer y dice así. Si te desanimas cuando algo anda mal tu fuerza no es gran cosa. Mi amigo (a) si te desanimas cuando algo anda mal, o algo anda de la manera que no debe de andar y tú quieres ser diferente; Déjame te digo que entonces es poca cosa, lo que tienes que hacer, es poca cosa lo que tienes con quien dirigirte. No sé de qué tamaño es tu fe amigo (a), porque sí un "zancudo" no te deja dormir, dime tú cómo serán ¿100 zancudos? si un pelo de gato que encuentras en la comida te enoja, ¿entonces cómo hacer con un gato en la casa? si un pensamiento chiquitito te enoja y te molestas

    ¿cómo hacer con varios pensamientos? y si te enojas solo porque hay unos platos que lavar, ¿qué harías con una familia y todos comiendo? y si te enojas con tus padres ¿qué vas hacer con una familia? si te enojas teniendo dos, o tres centavos en la bolsa ¿entonces qué vas a hacer con miles de dólares? si te enojas con esa casita pequeña, ¿qué vas a hacer con la casa grande? si te enojas y no quieres limpiar la casita, o la casucha que tienes ¿cómo vas a limpiar la casa grande? y si te enojas con ese carrito que tienes que a veces te lleva y a veces tienes que llevarlo tú, ¿entonces qué vas a hacer con el carro nuevo que tengas? si te enojas con esa religión que no comparte tus creencias ¿qué vas a hacer con una iglesia? si te enojas con esa persona que tiene apenas un canal de televisión, ¿qué vas a hacer con dos o tres canales de televisión? si te enojas con esa persona que tiene una radio por internet, ¿qué vas hacer tú con una radio "FM o AM"? si te enojas por la miseria que pasa en la vida, ¿qué vas a hacer para ser parte de la solución? si te enojas por el lugar donde duermes, ¿entonces qué vas a hacer con la cama nueva que vas a tener? Si te enojas con esa ropa vieja, ¿entonces qué vas a hacer con la ropa nueva? mi amigo y mi amiga algo anda mal, tu fuerza no es gran cosa algo anda mal, algo anda mal.

Tenemos que ver que es, o cual es el error que has cometido, cuál fue la intención que tuve para que esto llegara, ¿qué pasó? lo que tengo que hacer es levantarme y decir, no.

Aquí hay un problema, aquí hay algo que yo tuve la culpa; entonces voy a tener que ser parte de la solución. Mi amigo, y mi amiga, no te asustes, ni tampoco digas algo acerca de las personas que están gobernando los países, asústate por algo súper importante; que debes de levantarte y aprender acerca de la vida. Porque por eso es que te estás asustando por las cosas que te están sucediendo, porque la confianza que tienes, o la dificultad que tienes apenas es así de chiquitica como el tamaño de una pulga, si te estás desanimando por algo que está hiendo mal en tu vida, entonces tus fuerzas son poca cosa, no son gran cosa. si no tienes trabajo no te preocupes, si no tienes la familia que quieres no te preocupes, si no quieres no te preocupes, si no tienes lo que deseas en la vida no te preocupes; lo único que tienes que hacer es amar lo que tienes, querer lo que tienes en tu casa y sobre todas las cosas entender lo que la vida te pone en tu camino y lo que has alcanzado hasta ahora, si alguien tiene que cambiar en la vida ese eres tú.

Recuerda que Dios no hace nada, la fe es lo que mueve montañas dijo el maestro, la fe mueve montañas, la fe mueve los problemas, la fe sana los enfermos, la fe es lo que trae lo que tú quieres lo que deseas, la fe es lo que mueve los mares, la fe es lo que detienen los mares en su lugar, la fe es lo que te va a sacar de allí, pero si te asustas es porque tus fuerzas son poca cosa.

Ahora es el momento para que incrementes tu fe ¿De qué manera? poniendo en práctica la que tienes, creyendo en lo que tienes y creyendo en ti. Háblate a ti diciendo, si yo puedo hacer las cosas y yo puedo creer como creían mis maestros como confiaban mis padres yo soy mejor no sobrepasando, o sobre estimando los demás. Pero soy diferente porque he marcado y voy a seguir marcando la diferencia en mi vida en mi mundo y en el área donde me encuentro:

31

Resumen.

Resumiendo un poco de lo que has leído, y visto, en esta obra. Quiero finalizar con el resumen que es muy importante. Lo que vimos en el inicio fue como la profecía, o algo como decretando que mi vida será diferente de ahora en adelante. Desde hoy en adelante mi vida será otra, es decir mi vida cambiará mi vida será transformada de una manera extraordinaria, mi vida volará de un lugar a otro porque así lo ha creído el grande. El gran yo soy, el Dios Todopoderoso como vistes en el transcurso de este libro. Cómo viste el poder del creer, el poder de la fe, el poder de la confianza cuando decimos que desde hoy en adelante seré otra persona.

Estoy diciendo que todo el mundo será diferente el mundo cambiará, porque yo lo he hecho yo he cambiado. Ahora yo no pienso igual que ayer ahora soy una nueva criatura, como dice San Pablo he nacido de nuevo. Ahora veo el mundo con una nueva perspectiva, ahora veo el mundo de una manera diferente. Y eso es lo que debe de agradarte en este día, y en este momento cuando estamos resumiendo un viaje extraordinario. Y estoy seguro que después de este viaje, es decir después de la lectura de este libro ya no eres el mismo, o la misma.

Ahora estás pensando de una manera diferente, ahora tu vida se ha transformado, ahora tu vida ha cambiado ¿porque lo digo? lo digo de alguna manera porque mi vida ha cambiado, mi vida ha sido transformada también a través de estas palabras. Igual como tú aprendiste Yo también aprendí de estas palabras, igual como tú encontraste nuevas cosas en este libro, también yo encontré nuevas cosas en mi mente, y en mi interior y pensé que no solamente nací para comer, o para dormir, o simple y sencillamente a quedarme plantado en el mundo sin hacer nada.

He creído y sigo creyendo ciegamente que yo, o como tú nacimos para marcar la diferencia, venimos a esta tierra porque hay un propósito. Y tu propósito ha empezado a través de la lectura de este libro, tu propósito ha iniciado a través de la lectura de una poderosa obra que ha llevado días para poder llegar a tus manos. Por eso ahora con orgullo debes decir, desde hoy en adelante mi vida será diferente, mi vida será otra es decir, mi vida es otra soy otro he marcado la diferencia y la seguiré marcando.

Talvez hubieron palabras en esta obra a que te llegaron al corazón, y otras posiblemente no tienen sentido. Pero claro no estoy diciendo que todo lo que hay en este libro te va a servir a tu vida. Mi propósito al escribir una obra como ésta es, de que tú comprendas que no todo en la vida es color de rosa. Y que vayas encontrando en las obras, o en los libros que lees por ejemplo, la Biblia, o cualquier libro que estés leyendo, o agarres. Cada poco de ese libro pongas a tu vida, qué sé yo dos o tres palabras. Es igual como una canción, tú escuchas una canción, y no toda la canción se te va a quedar, o se te van a quedar dos, o tres palabras. Pero lo más importante es que una, o dos, o tres palabras de esta canción van a cambiar tu vida van a transformar tu vida. Para que tu vida sea diferente hay que saber detener, o retener lo que conviene y dejar ir lo que no me conviene, y dejar escapar lo que realmente debe de irse pero no dejar escapar lo que realmente debe de cambiar mi vida.

Y observamos que también Dios sigue creando contigo, él sigue creando, él sigue transformando, él sigue convirtiendo la humanidad de una manera diferente, porque él como creador que fue. Así tú también sigues creando con él. Dios no ha terminado de construir hasta que tú estés perfectamente construido, y terminarás construyendo a los demás también de la misma manera que tú has sido construido. Tú construyes tu casa en este mundo, tú construyes tu vida, tú construyes el ambiente, tú construyes la atmósfera, tú lo haces con tu presencia.

Gracias a que tú estás en esta tierra, por esa razón existe todo para ti, existen los planetas, existe la atmósfera, existe la tierra, los árboles, los animales, las demás zonas, los rascacielos, el dinero, los presidentes, las leyes naturales. Gracias a que tú existes, por esa razón esas leyes existen, y todo lo demás es para ti y sólo para ti. Tú cambiarás tu vida hablando, nada más hablando, por qué el lenguaje es el vestido de los pensamientos. Igual como tú lo leíste con tus propias palabras y con tus propios ojos que un día se van a comer los gusanos.

Has sido testigo de que las palabras son el vestido de los pensamientos, por eso desde ahora en adelante (no sé cuánto tiempo te ha llevado leyendo está el libro) pero lo que sí sé es, que sea el tiempo que sea estamos llegando a la finalización, tú terminas de leer este libro y tu vida empieza. Eres como la mariposa, primeramente es el huevo, y segundo se convierte en un gusanito, tercero en un gusano más grande, y cuarto empieza a dejar el cascarón y se convertirse de un gusano horrible se convertir en una mariposa hermosa que todo mundo quiere ver esas alas de la mariposa. Pero no se dan cuenta que ha salido de un gusano horrible. Si tú mi querido mari poso, o mi querida mariposa donde quiera que te encuentres, pon en práctica las palabras que has encontrado en esta historia.

Más adelante vimos el cambio de mentalidad, del cambio de transformar la mente, porque todo lo exterior depende de tu interior, si tu interior está desordenado obviamente tú exterior lo estará. Para poder ordenar lo exterior, o el mundo como le llames, hay que transformar y ordenar la mente porque lo que más está desordenado y es más difícil ordenar es la mente son los pensamientos.

No estoy diciendo que hay que ordenar los pensamientos, lo que digo es hay que monitorear los hay que escucharlos hay que ponerles atención y poner cada pensamiento en su lugar respectivo, y si ese pensamiento que tenemos otra hemos desde días semanas meses, o años. Nos viene sacando de nuestro carril, o de nuestro redil y nos está llevando a convertirnos en unas bestias salvajes en unos animales irracionales. Entonces es tiempo de poder cambiar los pensamientos y las palabras, y poder cambiar las acciones de la misma manera. Porqué de tal manera es tu pensamiento de tal manera son tus palabras entonces de tal manera son tus acciones, y de esa misma manera será tu vida transformada y la vida de los tuyos. y la vida de aquellos que dices que amas, la vida de aquellos que dices que amas y al final terminas destruyendo a aquellas personas que más amas, que más quieres. Porque no te das cuenta que la vida está siendo creada por tu misma intención, o tú mismo deseo, o tus mismos pensamientos.

Más adelante vemos la trágica historia de mi gran amigo, esa trágica historia que claro nadie se lo deseo a nadie. Te estarás preguntando ¿cuál era mi propósito de palpar esta historia? posiblemente ya te diste cuenta pero voy a recalcar unas palabras más. El motivo y la razón de compartir esta triste y Trágica historia contigo, es para que tú y yo despertemos de nuestro letargo, despertemos de la noche de la vida, nos levantemos de la cama de la comodidad y nos levantemos de la silla de la comodidad. Por esta razón fue que yo compartí esta trágica historia contigo.

Y creo que también comprendiste el cambio de mentalidad te lleva al cambio de religión, o relación, o de dogmas, o de Iglesias. El cambio de mentalidad te lleva a cambiar la perspectiva de la vida. Como dije hace rato, porque las personas por sus creencias, por sus dogmas, por sus doctrinas, por sus tradiciones, por sus costumbres etc. etc. etc.

Vienen matando personas vienen quitándole la vida a otras personas que no deben nada. Por esta razón quise compartir esta historia para que ya nos despertemos y nos levantemos, y veamos la vida como que si fuéramos humanos que estuviéramos viviendo en esta tierra. Pues hay personas que no comprenden a las otras personas, sólo porque hablan con ella se ríen con ellas. Es todo pero creen que esas personas no más ahí llegan. No mi amigo. La vida llega más allá de una sonrisa de un apretón de manos o un abrazo. Simplemente no vas a conocer a una persona si le das un apretón de manos, o un abrazo y un Cómo estás, o un cómo te sientes.

nuestros seres queridos esperan más que solamente un como éstas, ellos esperan cosas más bonitas que les entiendan, que les comprendan, que se pongan en sus zapatos y que entiendan los problemas que están pasando, las dificultades que están pasando, las tribulaciones que están pasando las dudas que están pasando. los demás lo

que quieren de ti es que entiendas, que les comprendas que
les enseñes a vivir como humanos en esta tierra, no como
títeres no como astronautas o no como robots en esta tierra
no. las personas de esta tierra quieren que tú les enseñes
algo razonable, y qué le pongan práctica la fe y la razón. Así
tal como lo oyes, en cada familia, en cada matrimonio, en
cada hijos, en cada circunstancia de las familias, por qué
crees de una manera, vas a juzgar aquella persona que cree
de la otra manera? si vas a juzgar aquel porque no cree lo
que tú crees, o vas a juzgar aquella persona porque cree lo
que tú no crees etcétera? Claro que no tenemos la menor
autoridad de poder juzgar a nuestros hermanos de esa
manera. No te estoy regañando, pero te estoy llamando la
atención, hasta aquí has venido pensando de esa manera,
has venido creyendo de esa manera, Por qué te hicieron
creer de esa manera.

Piensas de esa manera, por qué te hicieron pensar de esa
manera. Hablas de esa manera, por qué te hicieron hablar de
esa manera. Caminos de esa manera, porque te enseñaron
a caminar de esa manera. Miras de esa manera, porque te
enseñaron a mirar de esa manera. Tratas a los demás de esa
manera, porque te enseñaron a tratar a los demás de esa
manera. Te enseñaron a golpear a los demás, porque eso
te enseñó la vida. Tú hablas así porque así te enseñaron, te
enseñaron a gritar a decir malas palabras, porque eso fue lo
que te dieron a ti. Pero ya es tiempo ya es el momento de
marcar la diferencia, es momento de cambiar el momento.

Es el tiempo de levantarse, es momento de decir aquí
nomás llegó con esta ridícula vida, ahora seré diferente,
ahora cambiaré mi vida y seré diferente, pensaré diferente
y caminare diferente, hablaré diferente y amare a mis
hermanos, amaré a mi prójimo así como Dios me pide
que lo haga. Mi amigo y mi amiga porque tú amando a los

demás agradas a tu Dios, y aquí no estás que vas a agradar a tu Dios no, ama a los demás porque entonces tú tendrás larga vida. Porque tú amando a los demás, ellos te dan amor ellos te dan alegría ti, y te dan más energía espiritual para que sigas viviendo más en esta tierra y sanamente y saludablemente.

No agás las cosas solo para agradar a Dios, olvida solo hay que hacer las cosas para agradar a nuestros hermanos, porque si no sabes vivir con los que están aquí, ¿cómo pretende vivir con Dios si no sabemos cómo comportarnos nosotros mismos en esta tierra? ¿Cómo pretendemos que Dios nos va a comprender si nosotros en vez de amar estamos odiando? eso es mentira eso es ridiculez.

Entonces mi amigo y mi amiga, es el momento de marcar la diferencia, es el momento de decir aquí estoy, yo soy el llamado, Yo soy el escogido, yo soy la elegida, yo soy el que voy por ti envíame a mí que yo voy por ti, yo sanare los demás por ti, yo transmitiré a los demás es información por ti, porque ahora se me está abriendo la mente, los ojos, el corazón, y todo mi interior. Es porque ese fuego fluye en este momento, ese juego poderoso fluye en mi corazón y ahora no pararé y no descansaré hasta llegar a los demás. Que tu actitud sea positiva para alcanzar lo que quieres, y amar con toda pasión.

Lo que digo es a mí personalmente han querido cerrarme la boca, han querido detenerme, y no han querido que yo hablé, porque siempre voy a hablar con la verdad, te voy a decir la verdad de los demás, te voy a decir la verdad de Dios, te voy a abrir mi corazón a ti. Que hay momentos que siento que me rajo en la vida, hay momentos que ya no aguanto más y quiero darles en la madre a los demás. Hay momentos que me dan ganas de golpear a los demás, hay momento de mándalos a la fregada porque ya es mucho lo que están haciendo.

Por supuesto que te hablo y te abro mi corazón de esta manera. Pero hay una forma especial para poder verlos de otra manera, cambiando nuestra perspectiva de vida y en vez de ver el mensaje negativo, o positivo yo digo aunque han querido derribarme del caballo, han querido votarme del árbol donde estoy subido, han querido derrumbarme dónde estoy nadie me detendrá. Porque yo voy hablar a través de libros, a través de cds, a través de canciones, a través de películas, a través de la televisión, a través de la radio. Sea con la iglesia, en la iglesia con su apoyo, o sin su apoyo a mí me sale sobrando. Porque yo voy para a delante porque yo soy lo que Dios dice que soy, yo puedo hacer lo que Dios dice que puedo hacer, y yo camino en el camino donde Dios me manda a caminar, y yo sigo el camino que no está trajinado y hago mi propio camino. No te estoy hablando del orgullo, o del ego. Te estoy hablando del yo creador, porque tengo la capacidad de crear de convertir y transformar.

Yo tengo la capacidad que Jesús tuvo Y por esa razón tengo a Jesús de mi maestro, si él pudo yo también puedo. El vino a esta tierra a convertir los humanos en cristos, no vino el hacer más cristianos, o a que todas las naciones sean cristianos no. de cristianos hay hasta de sobra.

El vino a este mundo a que seamos nuevos cristos en esta tierra y que abramos caminos donde no los hay, y qué queramos a las personas y guiarlas como verdaderamente tiene que ser guiadas. Y yo soy uno de esos, a través de mis libros, estoy teniendo el regalo maravilloso de llegar a lo más íntimo de tu corazón. Y más adelante serán publicadas varias obras mías hablándote de mi vida personal. Te recuerdo que mis escritos, o mis libros no son científicos, o gran intelectual el que está hablando a través de los escritos no. mis libros son sencillos comprensibles, son vivencias personales es mi forma de vida. Yo he aprendido de esta manera, he despertado de esta manera y eso es lo que estoy enseñando cómo vivir la vida de una manera sencilla y comprensible, y que se sepan comprender los unos a otros que se sepan amarse los unos a otros eso es mi propósito. Mi propósito es que las familias se unan, los hijos busquen a los padres, los padres a los hijos.

Que aquí la esposa busque al esposo, que el esposo busque a la esposa. Ese es mi propósito que los países se unan y que la paz reine en sus corazones, por la sencilla razón que han abierto lo más íntimo de su ser y han cambiado su forma de pensar y su fe y de su forma de ver la vida por esa razón. Yo te cuento y te comento esta trágica historia, más que trágica historia será una historia muy motivadora para que tú y yo cambiemos.

Gracias a esta historia que te comenté, me levanté y ahora peleó por lo mío y nadie me cerrara las puertas, y si lo hacen no podrán conmigo porque sabes que el que tiene el espíritu de Dios en su corazón es el que tiene la fuerza espiritual en su corazón. El que tiene a Cristo en su corazón ya es otro Cristo convertido en él.

Ya convertido en otro Cristo no lo detendrá nadie, en que así se levanten familias contra él, se levanten Iglesias contra él, se levanten naciones, presidentes, guerras contra esta persona te digo mi amigo y mi amiga que nadie podrá vencerlo, todo lo que se proponga en la vida lo llevará acabo porque tiene una fuerza de rinoceronte, tiene una fuerza de búfalo por esa razón nadie lo vencerá.

Tú que estás leyendo este libro eres una fuerza espiritual que nadie te puede vencer, tú puedes hacer las cosas diferente. Entonces levántate de dónde estás en este momento, y ya anda ve a cumplir tus sueños, ve a cumplir tus propósitos, ve a cumplir tus metas. Levántate y grita a los cuatro vientos que tú puedes hacer las cosas, camina no permitas que la iglesia, o la familia, o tu compañía te destruya, o te use como un títere, o que hagas todo lo que él, o ella te diga. no señor, vamos hacia adelante, vamos a cumplir nuestros sueños pero nunca olvides que la humildad, y el espíritu de aprendizaje, y el espíritu del Escuchar debe de acompañarte, debe acompañarte la disciplina, debe de acompañarte el buen comportamiento y el buen uso de tu vocabulario.

Así es mi querido lector, después de ver y aprender un poco de lo que te transmití a través de esta historia. Más adelante viste que los problemas es un regalo maravilloso de Dios, un regalo maravilloso de la vida, incluso un regalo maravilloso de tu ser querido. En vez de velo de una manera negativa, es mejor encontrar el propósito a la cual ha llegado ese problema. Decían antes no hay mal que por bien no venga y decía

San Pablo Romanos 8:28. Ya sabemos que a los que aman a Dios, todas las cosas les ayudan a bien, esto es, a los que conforme a su propósito son llamados.

De cada persona de cada individuo en la sociedad, para cada persona en la sociedad pasan las cosas para bien. De eso no te preocupes, el punto es que le encuentres el porqué de esa situación, le encuentres el mensaje. Porque en medio de una caja tan horrible, una caja que pareciera que viene cubierto solamente con cartones y un moño arriba que al verla no dan ganas de abrilla. Pero cuándo la abres te das cuenta que hay un regalo maravilloso adentro, algunos regalos tienen sólo una caja, algo otros tienen una caja. Le remueven una caja, y luego trae otra, se la quitas, trae otra se la quitas, trae otra se la quitas y te vienes dando cuenta que adentro venía un par de aritos, pero venía en una caja de 12 por 12. Así es a veces la vida, hay que aprender y saber llevarla.

Y después nos dimos cuenta de que Jesús no hace milagros. Posiblemente cuando empezaste a leer este capítulo te diste cuenta que Jesús no hacía milagros, dijiste bueno, de qué estamos hablando no entiendo nada de lo que estamos hablando ahorita. Y conforme ibas leyendo sucesivamente fuiste teniendo ideas para ir cambiando ese patrón que traías en la mente. Ahora te das cuenta que todo es el poder de la fe, todo lo que quieras encontrar es el poder de la fe, lo que quieras alcanzar es con la fe, lo que quieras mover es con la fe, es lo que quieres atraer hacia ti es con la fe, y lo que quieras dejar ir es por la fe. Tú escoges, tú atraes todo lo que quieres, tú dejas ir todo lo que quieres, es con fe.

Y ahora te diste cuenta de eso, la cual te felicito que has cruzado el umbral, has cruzado el río al otro lado, ahora estás parado, o parada en un lugar donde hay más vegetación en un lugar donde ahora está verde la maleza. El ambiente hasta más claro, el sol hasta alumbra mejor, hasta vemos la vida de una manera diferente. Porque de este lado del río hay más limpieza y más orden, hay más comodidad de dónde estábamos. Estábamos un poco frustrados, ahora ya finalizando con la lectura de este libro eres distinta persona.

Y por último leíste que Dios no existe que Dios es. De ahí también aprendimos algo, que todo depende de nosotros y no de Dios.

Recuerda que lo que has estado leyendo se ha tratado del cambio de mentalidad.

Si te ha parecido excelente está pequeña obra de este tu servidor, adelante compártelo con tus amigos, con tus conocidos, con tus padres, con tu pareja, con tu ex novio, o tu ex novia.

Compártelo, es importante que no te lo quedes contigo. Porque si echas un poco de agua en un bote y la dejas ahí un buen tiempo, ¿qué va a pasar con el agua? lo que va a pasar es que el agua se va a ensuciar, va hasta cambiar de color.

Así es la vida, porque a veces tenemos que mover el agua del alma, tenemos que mover el agua de la vida. Y si este frasco no se mueve por consiguiente el agua que está ahí dentro va a cambiar de color y hasta de olor. En la vida si no mueves el agua de tu alma, va a cambiar de color y hasta de olor, y se va a ensuciar y hasta se va a volver putrefacta. Entonces hay que moverla, hay que pasar la bola, hay que pasar la pelota para que los demás sigan jugando. Ahora no solamente te he enseñado o te he dado la idea de cómo pescar sino que ahora tú ya sabes pescar, vamos ve por tu galardón, ve por tu pez gordo. Ahora compártelo para que no solamente tú vayas a pescar, sino que los demás te acompañen ¿me estoy explicando?

La fe es como el agua, tú sabes que el río va corriendo hacia abajo pero a los lados va quedando la suciedad, a los lados va quedando la suciedad y te vas dando cuenta que el agua a los lados está asta de color verde, o algún otro color sucio por supuesto. Pero te das cuenta que el agua que va en medio, esa agua está limpia porque siempre corre hacia delante, siempre va dirigiéndose hacia delante no le importe la agua que va quedando a la derecha, o la que va quedando a la izquierda. Lo que le importa al agua es encontrar hacia dónde correr, y cuando el agua va corriendo tiene que encontrar salida sí, porque sí. No hay opción.

Así es la fe, la fe cuando empieza a fluir tiene que encontrar salida tiene que encontrar hacia donde lanzarse, porque tiene que irse sí, o sí. Pero cuando no le ponemos importancia a esta virtud tan hermosa la echamos a perder, solamente por creencias, por dogmas, voy repitiendo por qué los demás dicen una cosa, los demás dicen otra cosa, los demás se inventa cualquier babosada.

Y por esa razón venimos pensando que ahora no podemos cambiar nuestra vida, y por esa razón perdemos la virtud tan hermosa que es la fe. Esa fe que por la cual todo fue creado. De la nada todo fue creado gracias a la fe, y a la palabra. Si tú tienes fe, y palabra mi amigo y mi amiga entonces eres súper, mega, archí, ultra, Macro, millonario. Claro que sí porque tienes todo lo que quieres, pero lo tienes que hablar lo tienes que decretar. En mi libro titulado el poder de las palabras, ahí te doy la clave y el tipo de poder de las palabras, te das cuenta que en lo mínimo que hablas ahí está la semilla.

No hay que hablar tanto para poder dar una buena semilla, no es la intención, es la pasión y la entrega que le pones a lo que dices, y con la fe ya se convierte en realidad. Si te pareció excelente esta historia, me gustaría escuchar de ti, me gustaría saber cómo te sentiste después de leer este libro. Y después de dialogar contigo mismo a través de este escrito. Me gustaría saber cómo te sentías antes de leer este libro, déjame saber quiero escuchar de ti. Ahí está mi email, y mi número de teléfono. Háblame, contactarte conmigo, así con tu experiencia yo aprendo de ti y tú aprendes de mí. Yo no lo sé todo, tú no lo sabes todo. Pero aprendemos ambos de alguna manera. Déjame llegar tus mensajes, y tus crítica, y tus creencias, Déjame llegar a tu corazón pero me gustaría saber. Ahora ya supiste de mí, ahora ya escuchaste de mí. Y si gustas pues quiero escuchar de ti, deseo escuchar de ti, y yo encantado de la vida te escucharé y dialogaremos de persona a persona. Y así tú me ayudas a crecer como persona, y yo te ayudo a crecer como persona. Tú me ayudas a crecer como individuo en este mundo, y yo te ayudo a crecer como individuo en este mundo. Recuerda que la vida no termina acá, la vida apenas empieza.

Printed in the United States
By Bookmasters